Barcelona

Helmuth Bischoff

De 15 hoogtepunten in een oogopslag

← Travessera de les Corts

15 Camp Nou (blz. 72)

4 LES CORTS

SANTS

Plaça de Francesc Macià

Avinguda de Josep Tarradellas

Carrer de Numància

de Comte d'Urgell

Carrer

ESQUERRA DE L'EIXAMPLE

Avinguda de Roma

Avinguda de Roma

Carrer d'Aragó

2 EIXAMPLE

Carrer de Tarragona

Carrer de la Creu Coberta

HOSTAFRANCS

Plaça d'Espanya

Gran Via de les Corts Catalanes

Carrer del Comte d'Urgell

SANT ANTONI

Ronda de Sant Antoni

LA MAGORIA

Avinguda del Paral·lel

Rond de Plaça dels Àngels (blz. 42) **4**

EL RAVAL

MONTJUÏC

Ronda de Sant Pau

5 Sala Apolo (blz. 45)

Avinguda del Paral·lel

13 Op de Montjuïc (blz. 68)

POBLE SEC

3 SANTS-MONTJUÏC

Ronda del Litoral

N

0   300   600 m

14 Park Güell
(blz. 70)

6 GRÀCIA

LA SAGRADA FAMILA

Via Augusta

Carrer Gran de Gràcia

11 Casa Milà
(blz. 63)

Avinguda Diagonal

Sagrada Família **12**
(blz. 65)

10 Vinçon & Co.
(blz. 61)

Carrer de Balmes

Passeig de Gràcia

Passeig de Sant Joan

Carrer d'Aragó

*DRETA DE
L'EIXAMPLE*

Marina

Gran Via de les Corts Catalanes

Ronda Universitat

EL FORT PIUS

Plaça de
Catalunya

Ronda de
Sant Pere

Carrer de

Las Ramblas
(blz. 34)

Laietana

9 Palau de la Música Catalana
(blz. 58)

2

*BARRI
GÒTIC*

1 Bocqueriamarkt
(blz. 30)

Rambla

Via

Passeig de Pujades

Carrer de la Princesa

7 Montcada en Picassomuseum
(blz. 52)

6 Drie mooie
pleinen in de
Barri Gótic
(blz. 49)

BORN

8 Tapascafés in Born
(blz. 55)

1 CIUTAT VELLA

LA RIBERA

Passeig de Colom

Ronda del Litoral

*VILA
OLÍMPICA*

LA BARCELONETA

3 Oude haven en nieuwe stranden
(blz. 38)

Welkom

De 15 hoogtepunten

Te gast in Barcelona

▶ ■ ■ ■ ■ ■ ■ Deze symbolen verwijzen naar de grote stadsplattegrond

Benvinguts – Welkom

Het ligt in het centrum van de metropool Barcelona en toch kent het de intimiteit van een vertrouwd, idyllisch hofje. Zo ken ik de Passeig del Born, al meer dan dertig jaar lang. Dat onder de hoede van de mooie Santa Maria del Mar de tijd een beetje stilstaat en dat de oude gebouwen aan dit middeleeuwse plein de snelle veranderingen in de rest van de stad trotseren - het doet een mens goed. De opgewekte, ontspannen stemming op de Passeig del Born blijft de hele dag hangen: 's ochtends dankzij de spelende kinderen en 's avonds dankzij de uitgaande Barcelonezen, wanneer het plein gereserveerd is voor het flaneren. In de historische straten van de voormalige handwerkersbuurt, waar ooit Castiliaanse indringers tekeergingen, heerst vandaag de dag multiculturele verdraagzaamheid.

In vogelvlucht zijn de natuurlijke grenzen van de binnenstad goed herkenbaar: in het oosten ziet u de zee, in het zuiden de berg Montjuïc, in het westen de Collserola-bergen en in het noorden de Riu Besòs. Het verkennen van de oude stad en aangrenzende wijken is te voet het plezierigst om te doen. De bezienswaardigheden op de Montjuïc en in Eixample bereikt u makkelijk per bus, metro of kabelbaan.

Barri Gòtic en Ciutat Vella
▶ Kaart 2, B/C 1–5

Wie zich bij aankomst in Barcelona niet meteen wil overleveren aan het veelkoppige monster van de uitgestrekte moderne stad met haar vele straten, die kan het best eerst eens door de stegen van deze **gotische wijk** slenteren. In het historische centrum van Barcelona zorgen oude muren, kleine stegen en intieme pleinen voor een gevoel van overzichtelijkheid en rust. Met de kathedraal, de joodse wijk, middeleeuwse paleizen en patio's, kleine antiekwinkels en bars, het politieke centrum van de Plaça Sant Jaume en de Plaça del Rei als hart kunt u hier veel historische wortels van de stad tegelijk ontdekken. Niet voor niets hebben de bewoners het over het 'rovell de l'ou', het geel van het ei, als ze hun Barri Gòtic beschrijven.

Als u verder afdaalt – wat in Barcelona altijd wil zeggen dat u 'naar de zee' toe gaat – laat de steegjeswereld van de **Ciutat Vella** zien hoe dicht de tegenstellingen in de Catalaanse metropool bij elkaar kunnen liggen: hoewel de laatste jaren een aantal onaanzienlijke levensmiddelenwinkels verbouwd zijn tot moderne bars, boetieks en winkels heerst er in veel huizen van de Ciutat Vella zichtbaar armoede. Deze heeft zich ook uitgebreid naar de Plaça Reial, waar de hogere burgerij zich omstreeks het midden van de 19de eeuw vestigde. Het plein is groot genoeg om ruimte te bieden voor flaneurs, goedkoop en duur geklede gepensioneerden, dealers en door de zon verbrande toeristen – van verliefd paartje tot losers, het is allemaal mogelijk.

La Ribera ▶ Kaart 2, D/E 2–5

De pas in de 14de eeuw in de stad opgenomen wijk grenst aan de overkant van de grote doorgangsweg Via Laietana aan de Barri Gòtic. Handwerkers en kooplieden hadden in dit stadsdeel hun onderkomen en hebben luisterrijke paleizen achtergelaten. Ze zijn geconcentreerd in de kleine 'Picassostraat' **Carrer Montcada**. Beneden de C. de la Princesa is de wijk in de volksmond tot **Born** omgedoopt, wat verwijst naar de grote gelijknamige historische markthal.

Dankzij het Palau de la Música Catalana, het Museu Picasso, de kerk Santa Maria del Mar, bezienswaardige galeries, de modezaken en delicatessewinkels en gezellige cafés is La Ribera overdag even interessant als deze buurt 's avonds is door de talrijke bars en restaurants.

El Raval ▶ E 5–7

De beroemde Ramblas vormen de grens tussen de oude stad en de Raval, waar achter de **Drassanes**, de middeleeuwse scheepswerven, kloosters, ziekenhuizen, scholen en armenhuizen het beeld bepaalden. In de 19de eeuw ontwikkelde zich hier een mengsel van vermaakswijk (Paraŀlel) en armoedige achterbuurt. Het imposante, door Richard Meier ontworpen gebouw van het **Museu d'Art Contemporani** gaf in de jaren negentig El Raval de impuls tot een opleving, en hoop op een betere toekomst.

Montjuïc ▶ A–D 5–7

De Montjuïc is een soort 'toverberg' die bij veel Barcelonezen geliefd is als doel voor een zondagsuitje. Cultuurliefhebbers vinden er fantastische musea en kunstcollecties, met name de **Miró-stichting**, het Nationale Paleis en het expositiegebouw Caixa-Forum. Wie van natuur houdt kijkt zijn ogen uit in de grote parken, sportievelingen kunnen er fietsen, joggen en zwemmen, en ze bezoeken misschien het Olympisch Stadion. Nachtvlinders komen pas in de kleine uurtjes terug uit het Poble Espanyol, het voor de wereldtentoonstelling van 1929 gebouwde 'Spaanse dorp'.

De oude stadshaven en de nieuwe stranden ▶ E–K 7/8 en kaart 3

Rondom de oude stadshaven is omstreeks 1992 de moderne tijd doorgedrongen – met hotels voor zakenlieden, een Worldtradecenter, 3D-bioscopen, een groot aquarium en winkelcentra. Deze combinatie doet als nieuwe invulling van een historische wijk wat misplaatst aan. Meer bijval krijgt de aan de oude visserswijk **Barceloneta** grenzende **strandzone**, die zich kilometers ver naar het noorden uitstrekt.

Eixample en Gràcia ▶ C–H 1–4

Het woord Eixample betekent 'uitbreiding' en verwijst naar de oorsprong van deze wijk: in de 19de en het begin van de 20ste eeuw groeide de bovenstad van Barcelona buiten haar grenzen dankzij de bouw van talrijke prachtige gebouwen in de stijl van het **modernisme**. Vandaag de dag gaat Eixample naadloos over in het vroeger zelfstandige stadsdeel Gràcia.

Aan het eind van de Passeig Maritim glanst de 'Gouden vis', een sculptuur van Frank Gehry

Rauxa en Seny

Als men het heeft over het nationale karakter van de Catalanen, vallen vaak de woorden *rauxa* en *seny*. 'rauxa' betekent tomeloze hartstocht, levenslust en fatalisme. In de historie van Barcelona waren het vooral de anarchisten van het begin van de 20ste eeuw die deze eigenschappen belichaamden. Hartstochtelijk en onverbiddelijk streed de massabeweging Confederación Nacional del Trabajo (CNT) in de jaren voor en tijdens de Spaanse Burgeroorlog tegen de sociale misstanden. Bij de viering van het honderdjarig bestaan van de CNT in het jaar 2010 was de 'rauxa' echter alleen nog op de geëxposeerde zwartwitfoto's te bespeuren. Als de voetballers van Real Madrid in Barcelona een uitwedstrijd komen spelen of bij volksfeesten, is de Arabische erfenis van de stad – haar temperamentvolle kant – evenwel nog duidelijk te herkennen.

Ter compensatie eisen de Catalanen met 'seny' een eigenschap voor zich op die te vertalen is met bedachtzaamheid en sluwheid. In de praktijk wordt er 'seny' aan de dag gelegd als Catalaanse politici marchanderen met de regering in Madrid over regionale privileges.

Meer dan één wedergeboorte

De ontwikkeling van de stad Barcelona verliep niet continu. Het conflict met het centrale bestuur in Madrid heeft wortels die terugreiken tot in de middeleeuwen en vooral dit heeft ertoe geleid dat opbloei, verval en wedergeboorte elkaar opvolgden. Het meest weelderige teken van een dergelijke wedergeboorte is het Palau de la Música Catalana. In dit paleis, in 1908 gebouwd in weelderige art nouveau als een 'ode aan Catalonië', liet zich de 'Catalaanse wedergeboorte' *(renaixença)* van de 19de eeuw gelden. Ook de stedenbouw op de Montjuïc kwam voort uit een fase van stormachtige ontwikkeling. Ze is te danken aan de tweede Wereldtentoonstelling, waarvoor deze stadsberg in 1929 gediend heeft als expositieterrein. De Wereldtentoonstelling was ook de reden voor de bouw van de metro en leidde tot een immigratiegolf van Andalusische arbeiders.

De jongste groeistuip heeft de stad te danken aan de Olympische zomerspelen van 1992. De democratisering van Spanje na de dood van dictator Franco had Catalonië veel regionale zelfstandigheid teruggegeven, Barcelona bloeide op en een jonge, zelfbewuste generatie stedelijke politici en architecten maakte de stad 'sexy'. De officiële leuze van de jaren tachtig luidde 'Barcelona posa't guapa' (Barcelona, maak jezelf mooi). In de praktijk betekende dit dat veel gevels werden ontdaan van het roet van de uitlaatgassen. Verder werd in de binnenstad de probleemwijk Raval gesaneerd, er werd een deugdelijke zeewering aangelegd en bovenal: zee en strand werden veranderd in een nieuw recreatiegebied.

'Catalonië is geen Spanje'

Een bezoeker van Barcelona zal het snel merken: Catalonië wil geen Spanje zijn. Op het voetbalstadion Nou Camp staat het te lezen op een grote affiche in het Engels: 'Catalunya is not Spain'. Overal ook waar Catalanen met elkaar

Het Palau de la Música Catalana, dat ontstond als een 'ode aan Catalonië', pronkt met een uitbundige art-nouveaustijl. Hier ziet u het in de Grote Zaal afhangende bovenlicht

spreken is ze te horen: de officiële en na de Franco-ideologie weer herwonnen landstaal, het 'Català'. Het Catalaans is de eerste taal en in de scholen is het ook de taal waarin les wordt gegeven. Het Spaans (Castellano) wordt in Catalonië echter geaccepteerd en veel gelezen dagbladen (bijvoorbeeld 'La Vanguardia') gebruiken het evengoed als taxichauffeurs en het hotelpersoneel. Het Catalaanse nationalisme gebruikt het Autonomiestatuut als steunpilaar: het geeft Catalonië ver reikende

bevoegdheid om zichzelf politiek vorm te geven. Extreme regionaal-nationalisten, die willen dat Catalonië staatkundig losgemaakt wordt van Spanje, krijgen maar weinig aanhangers. Ook op regeringsniveau neemt het sterk gewortelde Catalaanse zelfbewustzijn soms groteske trekken aan. Zo nam de Catalaanse regionale regering in februari contact op met Hollywood en eiste dat minstens 50 procent van de in Catalonië uitgebrachte films een Catalaanse nasynchronisatie kreeg.

Designstad Barcelona

Het stadsbeeld en de etalages van de modezaken en meubelwinkels laten het zien: in Barcelona is er sprake van creativiteit van een uniek niveau. Dat wat in de jaren negentig al uitgroeide tot een soort merk als 'Diseny Barcelonès', heeft wortels die teruggaan tot de tijd van het modernisme. In die dagen waren Gaudí en zijn collega's niet alleen beroemde architecten, maar ze waren ook actief als allround kunstenaars. Soms loopt er een directe lijn van deze art-nouveaudesigners naar de grote figuren van het heden. Een voorbeeld daarvan is de in 1940 geboren architect Lluís Domènech i Girbau. Als achterkleinzoon van de modernistische architect Lluís Domènech i Montaner behoort hij tot de generatie die in de jaren na de Francodictatuur ertoe bijdroeg dat de in verval geraakte stad weer toonbaar werd.

Ook Oscar Tusquets, die werkt voor Alessi en het interieur ontwierp voor enkele toprestaurants in Barcelona, kan pronken met een stamboom die teruggaat naar de creatieve wereld van het modernisme. Javier Mariscal, ster-designer van de jaren tachtig en recentelijk verantwoordelijk voor de verbouwing van een adellijk paleis tot een winkel van de modeketen H&M, heeft ook zonder bloedverwantschap veel gemeen met Antoni Gaudí. In hun werkwijze hebben beiden zich niet beperkt tot één discipline, maar zochten respectievelijk zoeken ze naar het samengaan en verweven raken van architectuur, meubelontwerp, smeed-, glas- en metaalkunst, om de confrontatie met de gestandaardiseerde massaproductie aan te gaan.

Naast de architectuur, de binnenhuisarchitectuur en het straatmeubilair behoort sinds enige tijd ook de mode tot het waarmerk van de stad. 'Custo Barcelona' (bekend om zijn overhemden en jeans) heeft een wereldwijde vraag losgemaakt en is hier maar één voorbeeld van de vele jonge modeontwerpers uit Barcelona wier merken u bij een dagje shoppen kunt tegenkomen.

Genieten

De mediterrane levenskunst wordt al lang gekoesterd in Barcelona, althans in de huizen waar de bewoners over het geld beschikken dat daarvoor nodig is. Bij een wandeling door de stad valt het op dat het aantal van die huizen dankzij de economische groei van Spanje na het millenniumjaar aanzienlijk is toegenomen.

Het plezier van dit genieten begint al bij de hemels aandoende uitstalkasten van de Boqueriamarkt. Het zet zich voort in de tapasbars, waar een bezoeker gaat watertanden bij de aanblik van de geraffineerde heerlijkheden. En met de bekende confiserieën van de oude stad en Eixample is het nog lang niet afgelopen. Van de laatstgenoemden kunnen we er slechts twee hier noemen om u lekker te maken. De jonge Pasteleria Hofmann in de Calle Flassaders (Ribera) is een filiaal van de gelijknamige kookschool en een mekka voor iedereen die van zoetigheid houdt. Een paar meter verderop in het straatje Caputxes lokt Bubó Born. Patissier Carles Mampel heeft geconfijte kastanjes gemaakt tot ware juweeltjes voor uw gehemelte en haalde daarmee de kolommen van de *New York Times*.

Het koken van geraffineerde gerechten en het creëren van zoete verleiding is in Barcelona uitgegroeid tot een kunstvorm op zich – en daarmee is ook het aantal kunstliefhebbers sprongsgewijs toegenomen. Als ster-designer Javier Mariscal (zie verderop) de naam 'Barcelona' ontbindt in de bestanddelen 'BAR', 'CEL' (hemel) en 'ONA' (golf), drukt hij daarmee iets uit van de hedonistische lichtvoetigheid van de stad, die zich in Barcelona niet beperkt tot eten en drinken.

Pleinen en patio's

Groot en druk, klein en dromerig, rond of hoekig, de pleinen van Barcelona zijn bijzonder fascinerend. Dit geldt vooral voor de pleinen in het stadscentrum. Met hun historische gebouwen, hun bars en terrassen, hun kleine en grote geschiedenissen, hun relaxt aandoende buurtbwoners en gasten van verre kennen ze elk een eigen sfeer die maar moeilijk onder woorden kan worden gebracht. Ze zijn het waar-

merk van de stad, maar ook het toneel van het stedelijke leven alsmede oases van rust.

Een bijzondere plek is de Plaça del Pi in de Barri Gòtic. Het ruimen van het bij de kerk Santa Maria del Pi behorende kerkhof schiep een idyllische ruimte, waar zaterdag bovendien een biologische markt en zondags een markt voor amateurschilders plaatsvinden. Heel dichtbij – naast de kathedraal – verschuilt zich de Plaça Felip Neri. Het meestal verlaten kleine plein was de bestemming van Antoni Gaudí bij zijn dagelijkse avondwandeling. Hiervandaan is het maar een paar meter naar het Museu Frederic Marès. De

Dol op kleur, gedurfd en buitenissig, dat is hoe de Catalaanse modemerken zich presenteren, en ze dringen steeds meer door op de Europese markt

Feiten en cijfers

Bevolking: circa 1,6 miljoen inwoners in het stedelijke gebied, 3,2 miljoen in de regio van Barcelona. In de op één na grootste stad van Spanje bedraagt het aandeel buitenlanders 17 procent; ze komen vooral uit Zuid- en Midden-Amerika.

Ligging en oppervlakte: de Montjuïc, zuidgrens van de stad, is 9000 m verwijderd van de Riu Besós, die de noordgrens vormt. Het is 8000 m van de haven tot de Collserolabergen, die Barcelona begrenzen in het westen.

Bestuur: de gemeenteraad wordt om de vier jaar gekozen. Bij de verkiezingen van 2007 kregen de sociaaldemocraten (Partit dels Socialistes de Catalunya) de meerderheid en leverden ze de burgemeester, Jordi Hereu i Boher.

Economie: Catalonië is wat industrie en techniek betreft de meest ontwikkelde regio van Spanje. De zwaartepunten van de productie liggen in de chemische en de textielindustrie, de auto-industrie en de high tech. Samen met de Balearen is Catalonië de regio met het hoogste inkomen per inwoner. Eind 2009 bedroeg de werkloosheid in Barcelona 15,2 procent. Met ongeveer tachtig beurzen per jaar is Barcelona een belangrijke beursstad.

Cultuur: het aantal plaatsen in theaters, bioscopen, sportfaciliteiten, bars en dergelijke bedraagt 4 miljoen. Meer dan 2,6 miljoen bezoekers maakten in 2009 de Sagrada Familia tot meest bezochte bezienswaardigheid. Barcelona is de enige stad ter wereld waar negen gebouwen tot werelderfgoed van de UNESCO werden uitgeroepen – allemaal zijn het gebouwen van het Modernisme.

groene binnenplaats daarvan is een van de mooiste patio's van de stad. Dezelfde eer kan echter worden opgeëist door de patio in de dichtbij gelegen Carrer Montcada. Deze patio is tegenwoordig het Café dhub, maar hij wordt nog steeds Textil Café genoemd, hoewel het Textielmuseum in 2008 van deze locatie verhuisd is naar het Pedralbespaleis.

De kleine Montcadasteeg met het grote en imposante Picassomuseum komt overigens uit op de Passeig del Born, ook weer een sfeervolle combinatie van een Rambla en een plein. Hij strekt zich uit van de oude markthal Born tot aan de kerk Santa Maria del Mar. Vooral in de zomer, op het 'blauwe uur', heerst hier de stemming van een relaxte vakantieavond. De rij van mooie pleinen kan nog worden voortgezet – of ze nu Plaça Reial, Sant Agustí Vell of Sant Agustí heten.

Romans en detectiveverhalen over de stad

Eduardo Mendoza's roman *De stad der wonderen* beschrijft hoe Barcelona is uitgegroeid tot een moderne metropool. U ervaart daarin de goudgraversstemming van het tijdperk tussen de Wereldtentoonstelling van 1888 en die van 1929, waarbij de stadsberg Montjuïc beroemde bouwwerken als het Nationale Paleis of het Paviljoen van Mies van der Rohe kreeg. Ook Ildefonso Falcones' nieuwste roman *De kathedraal van de zee* graaft diep in de stadsgeschiedenis. Met de bouw van de kerk Santa Maria del Mar maakt hij de feodale periode van de rijke en machtige middeleeuwse stad tot zijn thema.

De schaduw van de wind van Carlos Ruiz Zafon speelt in het Barcelona in de jaren na de Spaanse Burgeroorlog. Veel scènes van deze internationale bestseller zijn gesitueerd in de Barri Gòtic. Jaume Cabrés *Senyoria* brengt ons naar het Barcelona van de tijd rond 1700 en schildert op een onderhoudende manier de machtsverhoudingen van een laat-feodale samenleving.

Lichtere kost vormen de in de stad gesitueerde detectives van lokale schrijvers, die een helder beeld van de stad schetsen en een indruk geven van de levensstijl van de Barcelonezen. Daartoe behoren de vele boeken van Manuel Vázquez Montalbán (bijvoorbeeld *Voetbal is oorlog: buitenspel in Barcelona)*, de recentere detectiveverhalen van de schrijfster Alicia Giménez-Bartlett (bijvoorbeeld *Harteloos)* of ook de niet in het Nederlands vertaalde boeken van Teresa Solana.

Milieu

Het thema milieubescherming werd in Spanje tot aan het eind van de 20ste eeuw niet bijzonder serieus genomen. Barcelona was een van eerste Spaanse steden die de aanzet gaven tot een omwenteling op dit gebied. Zo leidden de maatregelen voor waterbescherming aan het eind van de jaren tachtig tot schoon zeewater en betere zwemmogelijkheden. De tot dan toe gebruikelijke industriële lozingen in zee werden door wetgeving beëindigd. In dezelfde jaren gingen stedenbouwkundigen aan de slag om de verhouding tussen groene gebieden en bebouwd terrein te veranderen ten gunste van de natuur. Vooral de grote parken kregen daarbij veel aandacht en zorg (Montjuïc, Ciutadella, Güell, Collserola).

Een actueel en zeer succesrijk project wil het autoverkeer in de binnenstad reduceren door een grootscheeps opgezet systeem van fietsverhuur. Een fijnmazig net van verhuur- en retouradressen plus een goedkope registratie maakt het voor de inwoners mogelijk om huurfietsen van de stad te gebruiken voor vervoer in de binnenstad. Daarbij stonden hun in het jaar 2009 ongeveer 150 km aan fietspaden en fietsstroken ter beschikking. Barcelona heeft beloofd om zich te houden aan Agenda 21 en werkt er op meerdere niveaus actief aan om die ter plaatse uit te voeren.

Stadswapen en symbool van de stad Barcelona

Het stadswapen van Barcelona bestaat uit drie elementen: de kroon van Aragon, die Barcelona als haar residentie had, staat boven de rode en gele strepen van de Catalaanse vlag en het vaandel van St.-Joris (Sant Jordi), de beschermheilige van de stad.

Een officieel symbool van de stad is er niet. Als het in de internationale pers over Barcelona gaat, staat er vaak de Columbuszuil bij de haven bij afgebeeld. Ze is het symbool van de verandering, waar de stad altijd voor open staat.

Stadswapen van Barcelona

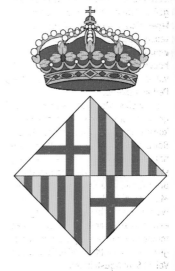

Pre- en protohistorie

Spectaculaire vondsten, uit opgravingen uitgevoerd vanaf 2002 ten noordwesten van Barcelona, zouden kunnen helpen bij de verdere verklaring van de geschiedenis van de mens. De recent gevonden schedelbotten worden gedateerd op een ouderdom van ca. 12 miljoen jaar en toegeschreven aan een boomaap die mogelijk de eerste was van een stamreeks van mensapen naar de mens.

Oudheid en Arabieren

Grieken uit Klein-Azië stichtten omstreeks 600 v.Chr. de eerste handelskoloniën in de westelijke Middellandse Zee. Emporion (Empúries) werd zo de eerste Griekse kolonie aan de Costa Brava. De Romeinen vestigden zich hier in de 2de eeuw v.Chr. In 133 v.Chr. werd Barcelona gesticht als de Romeinse nederzetting Barcino. Toen het West-Romeinse rijk in de 5de eeuw ineenstortte veroverden de West-Goten Barcelona. Vanaf de vroege 8ste eeuw tot in de 12de eeuw waren er steeds weer Arabische aanvallen. Het huidige Catalonië was grensgebied tussen het Frankische rijk en het Moorse invloedsgebied, dat reikte tot in Noord-Spanje.

Opkomst als zeemacht

Dankzij een handige huwelijkspolitiek kwam er in de 12de en 13de eeuw een Catalaans-Aragonese unie tot stand. Catalonië ontwikkelde zich tot een belangrijke macht in de Middellandse Zee. Onder Jaume I werden in het kader van de Reconquista Spaanse gebieden heroverd op de Moren. De Catalaanse zeemacht verwierf bezittingen in Italië, Griekenland en Palestina.

Barcelona werd een cultureel hoogstaande handelsplaats. In 1280 begon de aanleg van de grote scheepswerven Drassanes, in 1298 de bouw van de kathedraal en in 1380 de beurs. Er verrezen veel gotische stadspaleizen.

Vervallen en herboren

Na de ontdekking van Amerika werd Barcelona door de Spaanse kroon in 1778 uitgesloten van de handel met Amerika. Gewapende conflicten met het Spaanse centrale bestuur kwamen voortdurend voor (1640–1651 opstand van Catalonië tegen Filips IV, 1701–1715 Spaanse Successieoorlog) en consolideerden de hegemonie van Madrid terwijl Barcelona te lijden had van verwoestingen. Pas omstreeks het midden van de 19de eeuw begon Barcelona te herrijzen. In 1833 grondvestte Bonaventura Aribau met zijn 'Ode aan het vaderland' de Catalaanse wedergeboorte *(renaixença)*. Het operagebouw Liceu (1847), de Plaça Reial (1848) en de nieuwe universiteit (1860) waren symbolen van het herleven van Catalonië. Het plan-Cerdà (1859/60) lag aan de basis van de nieuwe stadswijk Eixample (Uitbreiding).

Twee wereldtentoonstellingen

In 1888 en 1929 organiseerde Barcelona twee wereldtentoonstellingen. Ze zorgden voor veel stedenbouwkundige veranderingen (1888 het Ciutadellapark en de haven, 1929 de urbanisatie van de Montjuïc) en een grote toestroom van Andalusische arbeiders. Beide wereldtentoonstellingen lieten zien dat Barcelona een economisch, industrieel en cultureel belangrijke stad geworden was.

Op weg naar de Burgeroorlog

De communistische en anarchistische arbeidersorganisaties werden aan het begin van de 20ste eeuw massabewegingen. De confrontatie met machthebbers en vertegenwoordigers van het oude Spanje (grootgrondbezitters, de kerk, het leger) moest haast wel leiden tot geweld (1902 algemene staking in Barcelona, 1909 straatgevechten en opstand van de *Setmana tràgica*). Aanvankelijk lukte het om de op democratie aandringende oppositie in te lijven. in 1931–1936 had Catalonië tijdens de Tweede Spaanse Republiek politieke autonomie. Met de opstand van het leger onder generaal Franco begon in 1936 de Spaanse burgeroorlog. De militairen wonnen en maakten na hun zege in 1939 een dictatuur van Spanje. Barcelona verloor alle rechten op regionale autonomie en ook het recht op een eigen taal.

Jonge democratie

Na Franco's dood in november 1975 lag de weg naar een Spaanse democratie open. In 1977 werden de eerste democratische parlementsverkiezingen gehouden. Catalonië kreeg in 1979 een autonome status. Catalaans werd naast het Spaanse een officiële taal.

Voorafgaand aan de Olympische Zomerspelen van 1992 verbeterde Barcelona zijn infrastructuur en beleefde het een stedenbouwkundige opwaardering. Door een nieuw stadsstrand keerde de stad zich 'met het gezicht naar de zee'. De toeristische hausse van de jaren negentig had echter met de veel goedkopere vliegtickets te maken.

Na jaren van explosieve economische groei kreeg ook Barcelona vanaf 2009 met de internationale economische crisis te maken. De werkloosheid in de stad verdubbelde van 7,2 (2007) naar 15,2 procent (2009) en de oververhitte onroerendgoedmarkt stortte in. De verdere ontwikkeling van de stad is sterk afhankelijk van de moeilijk te voorspellen economische ontwikkelingen. De status van Europese cultuur- en congresmetropool zal Barcelona echter wel houden of zelfs kunnen uitbouwen.

Voor de machtsgreep van Franco: communistische demonstranten juichen in februari 1936 over de verkiezingsoverwinning van het Volksfront

Reizen naar Barcelona

Met het vliegtuig

Vanuit België en Nederland hebben de grote luchtvaartmaatschappijen dagelijks lijnvluchten naar Barcelona; geen luchthaven heeft zo vaak vluchten naar Barcelona als Schiphol; deze worden verzorgd door KLM, Transavia, Easyjet en Vueling. De KLM vliegt vanaf Schiphol voor circa € 130. Goedkoper is Vueling, voor ca. € 90. Transavia vliegt bijvoorbeeld vanaf Rotterdam voor prijzen vanaf circa € 110. Al deze prijzen zijn echter sterk afhankelijk van het seizoen en het tijdstip dat u boekt. U kunt het beste websites als goedkopevliegtickets.nl of vliegtickets.nl raadplegen, of de aanbiedingen in de reisadvertenties in de gaten houden. Bij de kosten van de vluchten naar Reus of Girona komen nog de kosten van de pendelbussen naar Barcelona (€ 21 voor de rit heen of terug). Sinds 2010 heeft Ryanair ook vluchten vanaf het door veel Nederlanders gebruikte vliegveld van Düsseldorf (Weeze) naar Barcelona (El Prat). Vluchten vanaf Brussel-Zaventem worden verzorgd door Brussel Airlines en Vueling.

Het **vliegveld Barcelona-Prat de Llobregat** (▶ kaart 5, www.barcelona-airport.com) ligt ongeveer 10 km ten zuiden van het stadscentrum. In 2009 werd de nieuwe Terminal 1 in gebruik genomen. De pendelbus naar Terminal 2 (vroeger Terminal B en C) doet ongeveer 10 minuten over de rit.

Vervoer naar de stad: op het vliegveld kunt u gebruikmaken van de internationaal bekende **autoverhuurbedrijven**. De **Aerobus** naar het stadscentrum (Plaça de Catalunya) vertrekt van Terminal 2. De halte ervan is aangegeven. De bus rijdt om de 10 minuten. Vertrek vanaf het vliegveld: ma–vr 6–1, za, zo vanaf 6.30 uur. Vertrek vanaf de Plaça de Catalunya: ma–vr 5.30–0.15, za, zo 6–0.30 uur. Een enkeltje kost € 5, een retour kost € 8,65 (1 week geldig). De tickets koopt u in de bus. Met de **taxi** hebt u vanaf de Plaça de Catalunya circa 15–20 minuten nodig. Als het verkeer druk is kan het ook 30–40 minuten duren. In maart 2010 kostte een enkele rit € 25 (incl. bagagetoeslag; ritten 's avonds of 's nachts zijn duurder).

Met de trein

De rit per trein is omslachtig. U moet meestal in Parijs en soms (ook) in Zuid-Frankrijk overstappen. De belangrijkste verbindingen gaan via Paris Austerlitz naar Narbonne-Cerbère/Portbou (grens). Het grote station van Barcelona heet **Estació Central de Sants** (▶ B 3). Vandaar kunt u de metro nemen naar andere plaatsen in de stad.

Met de bus

Goedkope bustickets naar Barcelona worden aangeboden door **Eurolines** in Nederland (zie voor online boeken of de winkeladressen eurolines.nl, of tel. 020 560 87 88) en in België (voor online boeken en winkeladressen eurolines.be, of tel. 02/274 13 50). U arriveert op: Estación de Autobuses de Barcelona Nord, Carrer d'Alí Bei, 80, tel. 932 44 98 31, www.barcelonanord.com.

Met de auto

Wie met de auto komt moet rekening houden met de kosten van de tolwegen in Frankrijk en Spanje. In de omgeving van Barcelona laten de bordjes richting het centrum nogal te wensen over. U kunt zich het beste oriënteren via de borden richting haven *(port)* en vandaar af uw bestemming in de binnenstad opzoeken.

Liften: als u naar Barcelona wilt liften kunt u de site www.meerijden.nu proberen. Ritten vanuit Barcelona zijn te vinden onder www.compartir.org

Douane

Paspoorten: inwoners van de EU hebben een geldige identiteitskaart of paspoort nodig. Ook kinderen hebben een eigen paspoort of identiteitskaart nodig, tenzij ze vóór 2007 zijn bijgeschreven op de pas van de ouders. Bij een verblijf van langer dan drie maanden is altijd een paspoort nodig.

Invoerrechten: binnen de EU zijn goederen die bestemd zijn voor persoonlijk gebruik vrij van invoerrechten (bijv. 800 sigaretten, 90 l wijn). U mag max. € 10 000 aan deviezen in- of uitvoeren.

Reizen in Barcelona

Met de metro

De metro rijdt zo–do 5–24, vr, za en voor feestdagen 5–2 uur. **Tickets** koopt u aan de balie of bij de automaten van de metrostations; meerdaagse tickets koopt u ook in de kantoren van de toeristenbureaus. Een rit per metro of bus kost € 1,40, een tienrittenkaart € 7,85, een dagkaart € 5,90, een kaart voor twee dagen € 11,20 en voor vijf dagen € 24,10. Interessant voor automobilisten: een dag parkeren op de Plaça de les Glòries en een gratis rit per metro of bus kosten samen € 7.

Met de bus

De bussen rijden doorgaans tussen 6 en 22.30 uur. De Nitbús rijdt tussen 23 en 4 uur langs enkele hoofdlijnen door de stad. Alle lijnen rijden over de Plaça de Catalunya. Tickets koopt u in de bus.

Met de fiets

Enkele van de vele mogelijkheden om een fiets te huren zijn: **Bike Rental** (■ kaart 2, B 3), Rauric 20, tel. 666 05 76 55, www.bikerentalbarcelona.com, dag. 10–20 uur, 2 uur vanaf € 6, halve dag vanaf € 12, 1 dag vanaf € 18. Onder de naam **Barcelona Bici** (■ E 7) is er bij de Columbuszuil een door de stad opgericht fietsverhuurbedrijf: 2 uur. € 7, halve dag € 11.

Met de taxi

In de binnenstad kunt u taxi's aanhouden door uw hand op te steken. Het basistarief is € 2, in de binnenstad is het kilometertarief € 1,10/km ('s nachts plus 15 procent). Taxi bestellen per telefoon, tel. 932 25 00 00, 933 57 77 55, www.taxibarcelona.cat (ook in het Engels).

Met de tram

De trams T1, T2 en T3 rijden in de buitenste stadswijken ten zuidoosten van Eixample, de lijnen T4 en T5 in de wijken achter het nieuwe stadsstrand. In de trams zijn dezelfde kaartjes geldig als in de metro en in de bus.

De Tramvia Blau is een historische tram die lijkt op de trams in Lissabon. Het puft de steile helling op tussen de Plaça J. F. Kennedy en het benedenstation van de Tibidabo-kabelbaan (zie hieronder). Jan.–maart za, zo 10–18, april–juni za, zo 10–20, midden-juni–midden-sept. dag. 10–20, verder za, zo 10–18 uur.

Met de kabelbaan

De spectactulairste vervoermiddelen van Barcelona brengen hun passagiers naar de stadsbergen Montjuïc en Tibidabo. De gondels van de kabelbaan **Transbordador Aeri** vertrekken bij de Torre de Sant Sebastià, zweven over de oude haven en komen op de Montjuïc bij het panoramapunt Miramar aan. Prijs: € 9 (heen en terug € 12,50);

maart–okt. dag. 10.30–19, nov.–feb. 12–17.30 uur elk kwartier (bij sterke wind of slecht weer gesloten). Info: tel. 932 25 27 18. De **Funicular de Montjuïc** verzorgt vanaf de Paral·lel een gemakkelijke verbinding de Montjuïc op. Stations: Plaça Raquel Meller (aan de Paral·lel) en Av. de Miramar/Pl. Dante (op de Montjuïc), ma–vr 7.30–22, za, zo 9–22, nov.–feb. tot 20 uur. Boven is er nog de kabelbaan **Teleferico Montjuïc**. Deze gaat helemaal naar de vesting.

De **kabelbaan naar de Tibidabo** heeft haar benedenstation aan de Plaça Dr. Andreu. De – vaak veranderende – openingstijden van het pretpark op de Tibidabo hangen samen met de tijden van de kabelbaan. Lente en herfst do–zo 12–20, zomer wo–zo 12–22 uur, winter gesl., info: www.tibidabo.es.

Stadsrondritten en rondleidingen met gids

Bus Turístic: de dagelijkse rondritten maken het mogelijk om de belangrijkste bezienswaardigheden van de stad te zien. Een blauwe en een rode lijn vertrekken dagelijks (behalve 1 jan. en 25 dec.) 9–19 uur (zomer 20 uur) om de 5 tot 25 minuten van de Plaça de Catalunya. U kunt bij alle bezienswaardigheden in- en uitstappen. Waar de lijnen elkaar kruisen, kunt u ook overstappen van de blauwe op de rode lijn. Een derde lijn (groen) vertrekt bij de Olympische haven en maakt een rondrit langs de strandpromenade. Tickets koopt u in de bus en bij het toeristenbureau. Volwassenen € 22 voor 1 dag (kinderen van 4 tot 12 jaar € 14), € 29 voor 2 dagen (€ 18). U krijgt 10 procent korting als u online bestelt. Sinds juli 2010 is er ook een **Bus Turístic de Noche**, die u op de zomeravonden de lichtjes van Barcelona laat zien: vr, za, zo 21.30 uur (ca. 2,5 uur), vertrek vanaf de Plaça de Catalunya (tegenover de Corte Inglés), € 17 (met korting € 10).

Golondrinas: zo heten de populaire kleine schepen die rondvaarten van 35 minuten verzorgen in het oude gedeelte van de haven. Ze leggen onderaan bij de Columbuszuil aan. Volwassenen € 6,50, kinderen € 2,60. Grote havenrondvaarten (1,5 uur): volwassenen € 13,50, kinderen € 5. Alle rondvaarten dagelijks 11–18, in de zomer tot 21 uur. Verdere informatie kunt u vinden op de website www.lasgolondrinas.com.

Gaudí-fietstour: een rit langs de grote bouwwerken van Antoni Gaudí. Start: dag. (behalve 25 dec. en 1 jan.) om 10.30 uur bij het toeristenbureau, Plaça de Catalunya, duur: 3 uur, taal: Engels. De prijs van € 22 (8–15-jarige kinderen € 18) is inclusief de huur van de fiets en een helm. Reserveren: toeristenbureau en tel. 932 85 38 32.

Barcelona Walking Tours: thematische wandelingen van ongeveer twee uur door Barcelona Turisme. Wandelingen in het Engels: Barri Gòtic, dag. 10 uur, € 12,50, start: Touristinfo C/Ciutat 2; Picasso inclusief museumbezoek, di, do, za 16 uur, € 19, start: Touristinfo Pl. de Catalunya; modernisme, vr, za 16 uur, € 12,50, start: Touristinfo Pl. de Catalunya; Marina, vr, za 10 uur, inclusief havenrondvaart € 16, start: Touristinfo bij de Columbuszuil; Gourmet, vr, za 10 uur, € 19 inclusief proeven, start: Touristinfo Pl. de Catalunya. Geen rondleidingen op 1 en 6 januari en op 25 en 26 december.

Joodse wijk: de Associació Call de Barcelona, een organisatie die zich verdienstelijk heeft gemaakt voor het opgraven en restaureren van joodse gebouwen in de Barri Gòtic, biedt rondleidingen aan door de joodse wijk (Marlet 5, tel. 933 17 07 90, website: www.calldebarcelona.org).

Goedkoop Barcelona ontdekken

De **Barcelona Card** geeft ook gratis toegang tot het openbaar vervoer en de gemeentelijke musea. Daar komen nog enkele kortingen voor recreatiegelegenheden bij. Prijs: voor twee dagen € 27 (kinderen tot 12 jaar € 23), voor vijf dagen € 44 (€ 34,50) en u krijgt 10 procent korting als u de kaart online bestelt (www.barcelonaturisme.cat).

Arttticket kost € 22 en kan zes maanden lang als entreekaart voor zeven grote cultuurcentra gebruikt worden: Centre de Cultura Contemporánia de Barcelona (CCCB), Fundació Joan Miró, La Pedrera, Museo Picasso, Fundació Tàpies, Museu d'Art Contemporani de Barcelona (MACBA) en het Museu Nacional d'Art de Catalunya (MNAC). U krijgt 5 procent korting als u online bestelt (www. barcelonaturisme.cat).

Feestdagen

1 januari: Nieuwjaar
6 januari: Driekoningen
Goede Vrijdag en paasmaandag
23 april: *Sant Jordi* (schutspatroon van de Catalanen). Heren geven op deze dag dames een roos.
1 mei: Dag van de arbeid
24 juni: *Sant Joan* (St.-Jan), in de nacht van 23 op 24 juni zijn er een groot vuurwerk en straatfeesten.
15 augustus: Maria-Hemelvaart
11 september: *Diada Nacional de Catalunya* (nationale feestdag van Catalonië)
24 september: *Mare de Déu de la Mercè* (schutspatrones van de stad)
12 oktober: dag van de ontdekking van Amerika
1 november: Allerheiligen
6 december: Dag van de democratische grondwet
8 december: Maria-Ontvangenis
25 en 26 december: Kerstmis

Feesten en festivals

Cavalcada dels Reis Mags: 5 januari, processie van de heilige Drie Koningen in de avond (haven, binnenstad).
Carnestoltes: in de maand februari, www.carnestoltes.org. Straatcarnaval wordt in Barcelona pas sinds kort gevierd, met een grote afvaardiging uit de homoscene.
Festa de Sant Eulàlia: 12 februari. Feest van de beschermheilige van de stad.
Nous Sons – Músiques Contemporànies: midden-februari, www.auditori.org. Dit belangrijke festival voor contemporaine muziek integreert kamermuziek, jazz en experimentele muziek.
Festival de Flamenco: midden-februari – midden-april, www.theproject.es. Diverse locaties, onder andere het operagebouw Liceu, Palau de la Música, Sala Apolo, Luz de Gas, discotheek Bikini.
Festival de Guitarra: eind-februari– midden-juni, www.theproject.es. Het internationale gitaarfestival brengt de groten van de klassieke en moderne gitaar bijeen.
Jazz en Terrassa: midden-mei, www.jazzterrassa.org. Dit festival geeft in twee weken een panorama van de internationale jazz.
Swab: midden-mei, www.swab.es. Internationale beurs voor contemporaine kunst.
Nit dels Museus: midden-/eind-mei, www.lanitdelsmuseus.cat. De museumnacht vindt plaats op een zaterdag. Er doen 40 musea en galeries aan dit evenement mee.

Primavera Sound: eind-mei, www. primaverasound.com. Drie dagen pop en rock uit de Indie-scene in het Parc del Forum.

Festa de la Ciencia: midden-juni. In het Parc de la Ciutadella draait het twee dagen lang om het thema wetenschap. Interactieve opstellingen voor alle leeftijden.

Sonar: midden-juni, www.sonar.es. Het International Festival of Advanced Music and Multimedia Arts duurt drie dagen. Het geldt als een van 's werelds belangrijkste festivals voor contemporaine klankkunst, techno, Net-Art en interactieve installaties.

Nit de Sant Joan: van 23 op 24 juni. De midzomernacht staat in Barcelona voor dans in alle straten en een gigantisch vuurwerk op de Mointjuïc.

PRIDE: eind-juni, www.pridebarcelona.org. Tiendaags homofestival naar Londens voorbeeld.

Clàssica als Parcs: eind-juni–eind-juli. In de parken van de stad vinden zomeravondconcerten met klassieke muziek plaats.

Grec-zomerfestival: juli en augustus, www.barcelonafestival.com. Centrum van dit wekenlange festival met theater-, muziek- en dansuitvoeringen is het Teatre Grec op de Montjuïc.

Festa Major de Gràcia: week na 15 augustus, www.festamajordegra cia.org. Groot zomerfeest in de wijk Gràcia, dankzij de roman van Mercè Rodoreda in de literatuur doorgedrongen.

Festa de la Mercé: het weekeinde rond 24 september. Op alle pleinen van de binnenstad wordt het feest van de stadsheilige gevierd met muziek en theater.

Barcelona Jazz Festival: midden-oktober–begin-december, www.barcelona jazzfestival.com. Hett Internationaal jazzfestival vindt plaats op aantrekkelijke locaties (bijv. Palau de la Música, Luz de Gas e.d.).

Fira de Santa Llúcia: Vindt plaats vanaf het midden van december. Op het plein voor de kathedraal wordt een schilderachtige kerstmarkt gehouden.

Sportevenementen

Barcelona Marathon: maart, www.barcelonamarathon.com. Start en finish liggen op de Plaça Espanya.

El Circuit de Catalunya: begin-mei, www.circuitcat.com. De Grand Prix van Spanje wordt verreden op het Formule 1-circuit dat circa 20 km ten noorden van de stad ligt.

Thuiswedstrijden FC Barcelona: het is altijd een belevenis om in Camp Nou een van de thuiswedstrijden van Barça te zien. Tickets: www.fcbarcelona.com.

Geld

De gangbare creditcards en pinbetalingen met de Maestrocard worden doorgaans geaccepteerd. Geldautomaten zijn overal in de binnenstad te vinden.

Gevonden voorwerpen

Stedelijk bureau voor gevonden voorwerpen (▶ kaart 2, C 1): Pl. Carles Pi i Sunyer 8–10 (Barri Gòtic), tel. 934 13 20 31, ma–vr 9–14 uur (persoonlijke inlichtingen), dag. 8–24 uur (telefonische inlichtingen, boodschap inspreken).

Bureau gevonden voorwerpen op het vliegveld: Terminal 1, op niveau 0, tel. 932 59 64 40, dagelijks 8–20 uur.

Bureau voor gevonden voorwerpen in taxi's: centrale Lost-and-Found-Service, tel. 902 10 15 64, ma–vr 8–20 uur.

Gezondheid

Bij ziekte wordt u in de ziekenhuizen van Barcelona kosteloos verzorgd, mits u beschikt over de Europese ziektekostenverzekeringskaart (EHIC).

Hospital Clínic (▶ E 2/3): Villarroel 170 (Eixample), tel. 932 27 54 00, metro: Hospital Clínic. Het grote centrale ziekenhuis.

Apotheken: in de binnenstad zijn de volgende apotheken 24 uur per dag open: Farmàcia Álvarez, Pg. de Gràcia, 26 (Eixample), tel. 933 01 11 24, metro: Pg. de Gràcia, en de Farmàcia Clapés Antoja, La Rambla 98 (Ciutat Vella), tel. 933 01 28 43, metro: Liceu.

Informatie

Spaanse toeristenbureaus in het buitenland

2517 AJ Den Haag, Laan van Meerdervoort 8, tel. 070 346 59 00, www.spain.info/nl.

1000 Brussel, Koningsstraat 97, tel. 02/280 19 26, www.tourspain.be.

Toeristische informatie in Barcelona

Centre d'Informació Turisme de Barcelona (▶ F 5): Plaça de Catalunya, 17-S (souterrain), geen telefoon, metro: Catalunya, dag. 9–21 uur, 25 dec. en 1 jan. gesloten. Grootste toeristenbureau van de stad; ook verkoop van tickets, onder andere voor de Bus Turístic, Barcelona Card, stadsrondleidingen, en online bestellen van evenementen- en entreekaartjes. Callcenter voor aanvragen informatiemateriaal: tel. 00 34 932 85 38 34 en voor het reserveren van hotels: tel. 00 34 932 85 38 33.

Oficina d'Informació Turística (▶ kaart 2, C 3): Ciutat 2 (Pl. Sant Jaume, Ciutat Vella), metro: Jaume I, ma–vr 9–20, za 10–20, zon- en feestdagen 10–14 uur, 25 dec. en 1 jan. gesloten.

Andere kantoren en balies voor toeristische informatie: voor toeristische informatie kunt u terecht op het vliegveld in Terminal 1 en 2, in het station Sants alsmede gedurende het seizoen op de Ramblas en bij de Columbuszuil.

Centre d'Informació Turística de Catalunya (▶ F 2/3): Pg. de Gràcia 107 (Eixample), tel. 932 38 80 91, metro: Diagonal, ma–za 10–19, zo 10–14.30 uur, op 25, 26 dec., 1 en 6 jan. gesl. De informatie voor de regio Catalonië is ondergebracht in het bezienswaardige Palau Robert, waar ook geregeld tentoonstellingen te zien zijn.

Internet

Er zijn steeds meer webadressen die eindigen op **.cat** in plaats van op **.es**.

www.spain.info/nl, **www.spain.info/be:** websites voor de eerder genoemde Spaanse verkeersbureaus.

www.bcn.cat: De website van het stadsbestuur is volledig en heeft een overzichtelijke vormgeving, alsmede voortreffelijk kaartmateriaal. U kunt kiezen uit versies in het Catalaans, Spaans en Engels.

www.barcelonaturisme.cat: website van het toeristenbureau van de stad; uitgebreide informatie en tips over de bezienswaardigheden; de mogelijkheid online tickets en de Barcelona Card te bestellen. Informatie in het Catalaans, Spaans en Engels.

www.tmb.net: meertalige informatie over het openbaar vervoer in Barcelona (verbindingen, dienstregelingen enzovoort.).

www.barcelona.nl: Nederlandstalige website met een goede zoekfunctie voor goedkope vliegtickets en bovendien een nuttig overzicht van de tentoonstellingen.

www.oh-barcelona.com: de grootste webpagina met accommodatie voor een kort verblijf, met meer dan 600 appartementen, accommodatie in woongroepen en kamers bij gezinnen in huis. Ook informatie over talencursussen.

Praktische informatie

www.lanetro.com: aansluitend bij het begrip 'metro' maakt deze website het mogelijk om de hele stad te doorkruisen op een opwindende manier. Nachtleven, de actuele tentoonstellingen, nieuwe bars en restaurants, een actueel 'What's going on' over Barcelona. Alleen in het Spaans.

barcelona.startpagina.nl: allerlei links met informatie over Barcelona.

catalonie.startpagina.nl: dito, maar dan over de regio Catalonië.

www.guiadelociobcn.com: onlinedienst met de wekelijks op donderdag verschijnende en bij elke kiosk verkrijgbare overzichten van evenementen en voorstellingen. In het Spaans.

Kinderen

Terwijl het cultuur- en vrijetijdsaanbod van de stad voor kinderen van alles te bieden heeft en er bij de entreeprijzen rekening gehouden wordt met kinderen, laten hotels en restaurants op dat gebied nog veel te wensen over.

Activiteiten: aan de haven wachten er 30 haaien in het Aquárium (zie blz. 38) erop om bewonderd te worden. In het grootste Europese tentoonstellingsproject in zijn soort leven er meer dan 8000 zeebewoners. Haast gemaakt voor jonge zeerovers is het Museu Marítim (zie blz. 38), een van de meest imposante scheepvaartmusea ter wereld. Ernaast vertrekken bij de Columbuszuil de Golondrinas (zie blz. 27) voor de havenrondvaarten. Vlak in de buurt: de dierentuin in het Ciutadella Park en de Torre de Sant Sebastià, als start- en eindpunt van de Transbordador Aeri. Daarmee zweeft en schommelt u over de haven naar de Montjuïc. Bergafwaarts ligt daar na 15 minuten wandelen langs een voetpad het Poble Espanyol (zie blz. 77). Het dorp met verkleinde imitaties van Spaanse bouwwerken spreekt niet alleen kinde-

ren aan. Het op de natuurwetenschappen gerichte Museu de la Ciència (zie blz. 78) ligt op de Tibidabo-berg en behoort zowel om zijn architectuur als om de collectie tot de dingen die u gezien moet hebben. In de buurt van het museum vertrekt een kabelbaan naar het Parc d'atraccions Tibidabo (zie blz. 77), dat een mengeling is van een kermis en een kinderpark. Dat de expositie en de koopwaar van het chocolademuseum (zie blz. 79) kinderharten sneller laat slaan, spreekt bijna vanzelf. Kleine en grote voetbalfans kunt u ten slotte een plezier doen met een bezoek aan het museum van de Futbol Club Barcelona (zie blz. 73), een hele ervaring.

Zwemmen: zwempret kunt u beleven op de stadsstranden en bovendien in het overdekte Piscinas Bernat Picornell op de berg Montjuïc (▶ A 5/6).

Klimaat en beste reistijd

Het mediterrane klimaat zorgt voor warme, vroeg beginnende zomers en zachte winters. Mei en september zijn heel mooie vakantiemaanden, omdat

Klimaatgrafiek Barcelona

	J	F	M	A	M	J	J	A	S	O	N	D
Dagtemperatuur in °C	12	13	15	16	20	23	26	26	24	20	16	12
Nachttemperatuur in °C	6	6	8	9	13	16	19	19	18	14	10	7
Watertemperatuur in °C	13	12	13	14	16	19	22	24	22	20	16	14
Aantal zonuren per dag	5	6	6	7	8	9	10	9	7	6	5	4
Aantal dagen regen per maand	5	4	5	5	6	4	2	5	6	6	5	5

Veiligheid en noodgevallen

In de grote mensenmassa's die zich over de Ramblas bewegen is zakkenrollerij geen zeldzaamheid. U moet vooral daar hand- of polstasjes tegen het lichaam dragen en vasthouden. Voor wie alleen reist geldt na zonsondergang: vermijd de delen van de binnenstad dicht bij de haven. Om diefstal niet aan te moedigen is het verstandig om de pinautomaten binnen in de hal van banken te gebruiken.

Belangrijke telefoonnummers bij noodgevallen

Brandweer: tel. 080, **noodnummer (redden bij ongelukken):** tel. 112, **ambulance:** tel. 061, **politie:** La Rambla, 43 (Ciutat Vella), tel. 932 562 430, metro: Liceu.
ANWB: steunpunt Barcelona tel. (0034) 93 508 03 03, als dit gesloten is Den Haag 0031 88 2692 888. **Nederlands consulaat:** tel. 0034 93 363 5420. **Belgisch consulaat:** tel. 0034 934 677 080. **Creditcard blokkeren:** 0031 20 660 06 11 (Visa, Mastercard), 0031 20 680 20 02 (ING). Alle Belgische bankkaarten: 0032 70 344 344

in de late lente en het vroege voorjaar alles goed te combineren is: slenteren door de stad met prettige temperaturen en het zinderende leven van alledag (dat in juli en augustus door de vakanties tot stilstand komt) evenals de zachte avonden op het terras en zwemmen in zee.

Openingstijden

Winkels: ma–vr 9/10–13, 17–20 uur, warenhuizen 10–22 uur.
Banken: ma–vr 9–14 uur.
Postkantoren: ma–vr 9–21, za 9–14 uur (postzegels, *sellos,* zijn ook in tabakszaken te koop).
Musea: meestal zo-middag, ma gesl.
Restaurants: doorgaans 12–15, 21–24 uur, zo vaak gesl.
Kerken: in de regel 9–19 uur.

Reizen met een handicap

De startpagina van de toeristeninformatie leidt u via het menu-onderdeel 'Barcelona accesible' (toegankelijk Barcelona) naar een stadsgids voor reizigers met een handicap (ook Engelstalig). Persoonlijke informatie: Institut Municipal de Persones amb Disminució, Avda. Diagonal 1 (Eixample), tel. 934 13 27 75, metro: Glories, ma–vr 9–14 uur. Verdere informatie over mobiliteit zonder hinderpalen: www.tmb.net. Taxi's die voor mensen met een handicap geschikt zijn: tel. 934 20 80 88.

Roken

Sinds januari 2006 geldt in de meeste hotels, bars, cafés en restaurants van Spanje een rookverbod. Vaak staan er asbakken voor de deur. Kleinere bars en cafés hebben soms bij uitzondering toestemming om roken toe te laten.

Sport en activiteiten

Op www.barcelonaturisme.cat is er een groot aanbod van sportfaciliteiten, voor publiek en voor wie zelf actief wil zijn.

Formule 1-races

Met het **Circuit de Catalunya** (ca. 20 km noordwaarts. op de C 17, afslag

Praktische informatie

Parets del Vallès) beschikt Barcelona over een Formule 1-racebaan voor het rijden van de wereldkampioenschapsrace 'Grand Prix van Spanje' (informatie en tickets: tel. 935 71 97 00, website: www.circuitcat.com).

Golf

Spanje is een belangrijk reisdoel voor golfers – ondanks de waterschaarste, die het verzorgen van de golfbanen kostbaar maakt. In de omgeving van Barcelona is onder meer aan te bevelen: **Club de Golf Sant Cugat:** Villà s/n, Sant Cugat del Vallés, tel. 936 74 39 08, www.golfsantcugat.com, het hele jaar dizo. Een van de oudste golfbanen van Spanje, aan de voet van de Collserolabergen.

Joggen

Joggingbanen liggen aan het 4 km lange nieuwe **stadsstrand** (■ G/H 8, J/K 7), in het **Parc de la Ciutadella** (■ H 6) zowel als in de **parken van de Montjuïc** (■ A–C 6–8).

Paardrijden

Een aan te bevelen adres (met rijschool) is er in Sant Cugat del Valles (▶ oostwaarts, K 7): Hípica Severino de Sant Cugat, Pg. Calado 12, vijfde afslag vanaf Ronda de Dalt, tel. 936 74 11 40. Verdere informatie: www.hipica-catalana.com (in meerdere talen).

Stierenvechten

Op 28 juli 2010 stemde een meerderheid van het Catalaanse parlement voor een verbod op stierengevechten in de hele regio. Dit verbod zal op 1 januari 2012 in werking treden, tenzij een procedure die voorstanders van stierengevechten hebben aangespan-

Duurzaam reizen

Het milieu beschermen, indringende ontmoetingen mogelijk maken, van elkaar leren – duurzaam toerisme neemt zijn verantwoordelijkheid als het gaat om het milieu en de samenleving. De volgende websites geven tips hoe u uw reis kunt plannen en maken met respect voor het milieu, en ze geven tips voor passende reisaanbiedingen in de hele wereld.

www.duurzaam-reizen.nl: algemene informatie en uitleg over duurzaam toerisme, en links naar allerlei organisaties die zich bezighouden met duurzaam toerisme.

www.duurzaamreizen.org: een webpagina over reisbureaus die zich bezighouden met duurzaam toerisme, alsmede andere organisaties die u kunt steunen of die u kunnen helpen als u verantwoord op pad wilt gaan. Bovendien: greenseats.nl (groen vliegen door CO_2-compensatie), en een pagina met nog meer duurzame links: duurzaam-reizen.startkabel.nl.

Barcelona 'duurzaam': de binnenstad is prima zonder auto te verkennen. Dankzij ongeveer 150 km aan fietspaden en vele mogelijkheden om te huren nemen ook de toeristen steeds vaker de fiets. Gezien de 6,5 miljoen bezoekers is het belangrijk om spaarzaam met water te zijn (bijvoorbeeld bij het douchen) en de afvalbakken op straat en op het strand te gebruiken.

nen bij het hooggerechtshof succes heeft. Het Catalaanse verbod op stierengevechten is het eerste in zijn soort op het Spaanse vasteland. De laatste resterende stierenvechtersarena in Barcelona (Monumental) gaat dicht.

Voetbal

FC Barcelona (■ A 1) is een van 's werelds beroemdste voetbalclubs. Thuiswedstrijden van Barça vinden vaak plaats op zondagavond (tickets te krijgen via de website van de club, www. fcbarcelona.com).

Wellness

In de regel zijn de grote hotels aangesloten bij de grote wellnessketens. De moeite waard is het **Six Senses Spa in het Hotel Arts Barcelona**, ■ J 7, Carrer de la Marina 19–21 (Vila Olímpica), tel. 932 21 10 00, www.sixsenses.com, metro: Ciutadella, ook voor wie geen hotelgast is. Op de 42ste/43ste etage van het hotel hebt u grandioos uitzicht over zee.

Zeilen, surfen en kitesurfen

Base Nàutica de la Mar Bella: ■ kaart 3, Av. Litoral s/n (Port Olímpic), tel. 932 21 04 32, www.basenautica. org, metro: Besòs Mar, juni–sept. 10–20, okt.–mei 10–17 uur. Hier kunt u katamarans, kajaks en surfplanken huren en van het cursusaanbod gebruikmaken.
Club Nautic Garbi: Passeig Marítim 271–275, www.escolagarbi.com. Onge-

veer 20 km ten zuiden van de stad in Castelldefels is er gelegenheid om te kitesurfen.

Zwemmen

De met douches uitgeruste stadsstranden tussen Barceloneta en Riu Besòs zijn even schoon als het water. Het langste strand van de stad is het ongeveer 1,5 km lange **Platja de Barceloneta** (▶ kaart 3), dat goede faciliteiten heeft. Heel geschikt voor gezinnen met kinderen is het ongeveer 400 m lange Platja Nova Icària (▶ K 7) aan de Olympische haven.

Telefoon

Telefoneren met Barcelona: 00 34 (Spanje) plus negencijferig abonneenummer. Ook in Barcelona moet u – behalve bij de speciale servicenummers van drie cijfers – het complete telefoonnummer draaien.
Telefoneren naar het buitenland: naar Nederland 00 31, België 00 32, kengetal zonder 0 + abonneenummer.
Inlichtingen: 003 (nat.), 025 (internat.).
Mobiele telefoons doen het in Barcelona zonder beperkingen. Om kosten te besparen is het aan te raden om een Spaanse prepaidkaart van Telefonica, Vodafone-Airtel of Amena te kopen als uw toestel simlock-vrij is. De meeste accommodatie biedt ook gratis of goedkope internettoegang.

De 15 hoogtepunten

Als mijn vrienden mij als schrijver van een Barcelonagids vragen wat ze bij een bezoek aan de stad niet mogen missen, dan bestaan mijn tips uit de volgende vijftien ontdekkingstochten. Op deze routes leert u het karakter van Barcelona kennen: een stad die zich jarenlang van de zee afzonderde maar zich in de jaren negentig met hartstocht weer overgegeven heeft aan het leven aan het water.

1 Een feest voor de zintuigen – Boqueriamarkt

Kaart: ▶ F 5/6
Vervoer: Metrohalte: Liceu

Een ware zee van fruit, groente, noten , kazen, vlees, vis en zeevruchten heeft haar plek gevonden onder een monumentale gietijzerconstructie uit de 19de eeuw. Hier, in het centrum en de buik van de stad, worden al uw zintuigen evenzeer aangesproken. Breng de markt een bezoek aan het eind van de ochtend: u zult niet ophouden u te verbazen en alles te proberen – en u raakt op een heerlijke manier verzadigd.

Zoete entree

Voor u de markthal vanuit de Ramblas binnenkomt, is het de moeite waard om een blik te werpen op de uitstalling van **Pastelería Escribà** 1 direct naast de markt. U herkent de traditionele banketbakkerij meteen dankzij de bonte art-nouveaufaçade aan de Antigua Casa Figueras. Achter de gevel wachten de lekkernijen van Antoni Escribà,

meervoudig patisseriekampioen van de stad. Hij dankt zijn titel aan creaties als *rambla* (biscuit-chokoladetruffels) en in recentere jaren aan Escriba-El Xiringuito, een uiterst succesvol terrasrestaurant aan het nieuwe stadsstrand (zie blz. 94).

Teken van verandering

De markthal verwelkomt haar bezoekers met een uitbundig vormgegeven façade. Het bouwwerk met zijn filigrain-achtige ijzeren gewelf behoort tot de vele gietijzerconstructies uit de late 19de eeuw die in het stadsbeeld herinneren aan de opkomst van de burgerlijke industriëlen. Metroingangen, de Columbuszuil, straatlantaarns, fonteinen of banken – ze stammen alle uit de tijd dat Barcelona zichzelf verfraaide in grootse stijl. Voor de Boqueriamarkt was de architect Josep Mas i Vila verantwoordelijk. Hij telde onder zijn collega's Gaietà

Buigas, Rovira i Trias en Fontserè i Mestre, grote experts op het gebied van het bouwen met ijzer. De markt is de opvolger van een karmelietenklooster dat hier stond. Daarmee tekent het ook de verandering van de maatschappij in de 19de eeuw. De tot dan toe zeer sterke machtspositie van de kerk werd teruggedrongen door de opkomende burgerij.

Wat een markt verraadt

De reputatie van deze etalage van de Catalaanse keuken is niet te overtreffen. De **Boqueria** **1** is meermaals tot de mooiste markt ter wereld uitgeroepen en heeft in alle moderne romans die in Barcelona spelen een vaste plaats gekregen. Manuel Vázquez' liet zijn detective Pepe Carvalo vaker bij de vis- en vleeskramen van de grote hal opduiken dan op alle andere locaties waar zijn detectiveromans over de stad spelen.

We kunnen de Spaanse dichter Josep M. de Sagarra alleen maar gelijkgeven: volgens hem waren het vooral markten en begraafplaatsen die het karakter van een stad onthulden aan een buitenstaander. In de grote markthal aan de Ramblas maakt u echt iets mee van de stad, het land en de mensen. De weelderige uitstallingen tonen wat hier wordt verbouwd, gekookt en gegeten. Het gekwetter bij de kramen en het serviesgekletter in de bars van de markt tonen het temperament van de Catalaanse vrouwen. Kleding en lichaamstaal bij de kramen met zeekreeft en oesters zijn anders dan die waar de bonen en aardappels over de toonbank gaan.

Op audiëntie bij de koning

Even onverwoestbaar als de markt zelf lijkt de ongekroonde koning van deze hal. Dan hebben we het over Juanito, die als zijn domein de **tapasbar**

Pinotxo **1** regeert, onder het kraamnummer 466–470. Al 30 jaar verheug ik me er steeds weer op om deze opgewekte en raadselachtige man te ontdekken achter zijn toonbank. Men zegt dat de meesterkoks van de stad in de ochtend hun *tallat* (espresso met een scheut melk) bij hem drinken en zich daarbij laten adviseren bij welke kraam het die dag bijzonder lonend is om inkopen te doen. Juanito ontkent die inside-kennis niet. Ook overreedt hij ons weer eens om kort na het ontbijt toch zijn *bacalao* (stokvis) te proberen, die nadat we even moed verzameld hebben heerlijk smaakt. Waarom Juanito als kok en entertainer zelfs de Catalaanse tv gehaald heeft, is bij een bezoek aan zijn bar in minder dan een halfuur te begrijpen.

Wat staat er op een Catalaans boodschappenlijstje?

Wat er bij de Catalaanse burgers op tafel komt, staat ook vandaag nog op de boodschappenlijstjes die in de Boqueria punt voor punt worden afgewerkt: dikke bonen, reuzel en de typische worst die men nodig heeft voor de bereiding van het nationale gerecht *mongetes amb botifarra*. In de hal zijn ook de nodige groentes, de aardappelen en het vlees te koop voor de populaire eenpansmaaltijd *escudella i carn d'olla*. Wat dieper tasten de huisvrouwen in de buidel als ze langoesten en

Overigens: wie in de Boqueria nieuwsgierig is geworden naar de Catalaanse keuken, kan zich via diverse reisorganisaties (Holland International) en websites opgeven voor kookcursussen in de stad. Zie bijvoorbeeld **www.oh-barcelona.com** en **www.wereldskoken.com**. Bij een cursus hoort ook het doen van inkopen in de Boqueria.

kip moeten kopen, om *llagosta amb pollastre* klaar te maken. Voor de saus die daarbij hoort, de *suquet*, hebben ze nog ettelijke andere ingrediënten nodig. Bij de tomaten, het basisingrediënt, komen nog kaneel, saffraan, peper, Provençaalse kruiden en nog een beetje cacao. Wie een *picada* wil bereiken, moet daarvoor knoflook, geplette amandelen en peterselie op zijn boodschappenbriefje hebben staan. Deze saus past het best bij de *llobarro* (wolfsbaars) van de kraam ernaast. Dat komt dan weer mooi uit.

Als u in een boodschappentas tomaten, aubergines en pompoenen bij elkaar ziet liggen, dan is de draagster van plan om later die dag de Catalaanse saus *samfaina* klaar te maken, die in de

regel wordt gebruikt als begeleiding bij gebraden vlees.

Door de achterdeur

Na deze interessante wandeling langs de kramen van de Boqueriamarkt zijn er twee aanbevelenswaardige mogelijkheden voor een mooie finale. Bij de achteruitgang van de markt, die uitkomt op de Carrer de Jerusalem, bevindt zich **restaurant La Garduña** **2** dat het traditionele ontmoetingspunt is van de artiesten en toneelknechten van het naburige operagebouw Liceu. Dit lokaal is eenvoudig ingericht, de tafelkleden zijn oud en niet helemaal van vlekken vrij, maar bij de eerlijke, stevige kost stoort dat alleen als iemand gewend is aan chique restaurants, wat in

or de liefhebbers: op de Boqueriamarkt is er vandaag stierenvlees in de aanbieding

deze buurt maar nauwelijks voorkomt.

Als u de markt uit loopt, wacht er op de Plaça de la Gardunya aan de tafels van het terras van **RA** [3] een bont gezelschap op dagverse en uiterst goedkope gerechten. Het vriendelijke bedienend personeel blijkt van pols tot hals getatoeëerd, bij het uitzicht vanaf uw terrasstoeltje moet u de lelijke parkeerplaats van de marktleveranciers voor lief nemen en desondanks zult u hier op een zonnige middag nauwelijks een vrije stoel kunnen vinden. Kijk op het bord met de dagschotels en bestel vervolgens wat u het meeste aanstaat van de gerechten (bij RA kun je in dat opzicht nauwelijks een fout maken). U zult zeker terugkomen naar deze plek – wedden?

En er is nog meer

Wie in de Boqueria aan zijn trekken gekomen is, zal ook genieten van de andere markten in de stad en er waarschijnlijk aan bijdragen dat in Barcelona, veel vaker dan elders in Europa, levensmiddelen hun weg direct van producent naar verbruiker vinden. Tot de mooiste markten in de binnenstad behoren de **Mercat de Santa Caterina** (zie blz. 59) en de **Mercat de la Llibertat** (ma 7–14, di–do 7–14, 17–20, vr 7–20, za 7–15 uur) in de wijk Gràcia.

Informatie

Mercat de Boqueria: Pl. de la Boqueria, www.boqueria.info, ma–za 8–20.30 uur (in de middag is een aantal kramen gesloten).

Gebakken en gekookt

Wat u aan natuurproducten in de markthal kunt bewonderen, is in gebakken of gekookte vorm te proeven op de onderstaande adressen: de **bar Pinotxo** (ma–za 6–16 uur) in de Boqueriamarkt heeft standnummer 466–470 en bevindt zich als u de markt op komt van de Ramblas meteen aan uw rechterhand. Hier zijn altijd verse en smakelijke tapas te koop. In het achterste gedeelte van de hal bevindt zich **La Garduña** (Jerusalem 18, tel. 933 02 43 23, ma–za 13–16, 20–1 uur, menu vanaf ca. € 20) en daarmee een dagverse streekkeuken in de eenvoudige sfeer van een klassiek Barcelonees adres. Achter de markt ligt het terrasrestaurant **RA** (Pl. de la Gardunya, El Raval, tel. 933 01 41 63, ma–za 10–1, zo 10–18 uur, menu vanaf € 14). Een ontmoetingspunt voor jongelui die graag genieten van een fantasievolle keuken voor weinig geld.

Iets zoets voor u?

Vóór de hal is het de moeite waard een omweg te maken langs **Pastelería Escribà** (La Rambla, 83, ma–za 8.30–21 uur), een van de meest traditionele en populaire banketbakkers van de stad.

❷ Met gemengde gevoelens – de Ramblas

Kaart: ▶ E/F 5–7
Vervoer: Metrohalte: Catalunya

De door het stadscentrum naar de oude stadshaven lopende Ramblas behoren tot de beroemdste promenades van de wereld, wat ook nogal wat problemen met zich meebrengt. Dat dit een plek is 'waar je geweest moet zijn', wordt beaamd door nu ongeveer 78 miljoen passanten per jaar. Dat zorgt ervoor dat iedereen moet schuifelen en dringen onder de platanen en garandeert prima werkomstandigheden voor het gilde van de zakkenrollers. Ondanks dit massale gebeuren maakt deze reeks straten met de bebouwing erlangs echt deel uit van de identiteit van Barcelona.

Café Zürich ■, gelegen aan de Plaça de Catalunya, is niet alleen geschikt als uitgangspunt voor een wandeling langs de Ramblas, het is ook een plek waar u de geschiedenis en de huidige

betekenis van de boulevards op u kunt laten inwerken. In het interieur van het sinds 1920 populaire terrascafé hing tot enkele jaren geleden de oude stations-klok, die eraan herinnerde dat ooit hier de trams naar het huidige stadsdeel Sarrià vertrokken.

Flaneren met geschiedenis

De naam 'Rambla' betekende oor-spronkelijk 'zanderige dalgeul' en on-dersteunt de niet onomstreden theorie dat een rivierbedding van de Tibidabo naar de zee de loop van deze flaneer-mijl bepaald zou hebben. De Ramblas, meer ontmoetingsplek dan een verbin-dingsroute, werden in de 18de eeuw aangelegd toen op dezelfde locatie de westelijke stadsmuren werden afge-broken. Dit stuk was voor de toenma-lige begrippen te lang om één straat te zijn, daarom werden de Ramblas van boven naar de haven toe ver-deeld in de volgende straten: Rambla de Canaletes, Rambla dels Estudis, Rambla de Sant Josep, Rambla dels Caputxins en Rambla de Santa Mònica. Deze naamgeving herinnert aan vroegere omwonenden, die scholen en kloosters hadden *(estudis, caputxins)*. Die gebouwen werden in de 18de en 19de eeuw vervangen door stadspaleizen, theaters, het operagebouw, voorname cafés en restaurants. Een middel tegen de verveling van de nieuwe, gefortuneerde burgerklassen was de handel in huisdieren op de Ramblas. De kanaries die tegenwoordig nog te koop worden aangeboden gaan terug op deze handel en ook van de deftige etablissementen van vroeger is er nog een aantal aanwezig. Daartussen proberen echter steeds meer immigranten hun geluk uit in de handel met T-shirts, fastfood, nepsieraden en ramsj.

Van Hemingway tot Miró

Bij een wandeling over het bovenste deel van de Ramblas verdient allereerst de kleine ijzeren fontein **Font de Canaletes** 🟦 even uw aandacht. De legende dat een slok uit de fontein het waarschijnlijk maakt dat je ooit naar de stad terugkeert, is niet afkomstig van toerismedeskundigen uit de stad. Rondom de fontein verzamelen zich vaak de supporters van FC Barcelona, want de opstelling van het elftal en de miljoenenaankopen mogen natuurlijk niet onbesproken blijven.

Een paar meter verder naar beneden leidt het straatje Tallers naar de Ravalwijk. De hoek Tallers/Ramblas behoorde tot de lievelingsadressen van Ernest Hemingway, die tijdens de Spaanse Burgeroorlog langere tijd verbleef in Barcelona. Tegenwoordig kunt u daar nog in de cocktailbar **Boadas** 🟦, het lievelingsdrankje van de dorstige literator, laten mixen voor u, maar dan niet in korte broek. De bar belichaamt nog steeds een beetje het gevoel van

stijl dat lange tijd als vanzelfsprekend heerste aan de Ramblas van de deftige burgerij.

Getrouwd tegen wil en dank

Langs de bloemenstalletjes, die de Rambla de Sant Josep ook de bijnaam 'Rambla de les Flors' hebben bezorgd, voert de route u naar het aan uw rechterhand gelegen **Palau de la Virreina** 🟦 (Rambla 99). Aan de totstandkoming hiervan is een aardige anekdote verbonden: toen de Spaanse onderkoning in 1770 uit Peru naar Barcelona terugkeerde, zocht en vond hij voor zijn neef een knappe vrouw. Bij de geplande bruiloft was echter geen neef aanwezig, en dat bracht de onderkoning ertoe om dan maar zelf echtgenoot te worden, en hij liet voor zijn jonge bruid een groot barokpaleis bouwen aan de Ramblas.

Tegenwoordig huizen er in het bezienswaardige gebouw een expositiecentrum van de gemeente en een informatiepunt met veel interessante folders. Wie daar nieuwsgierig naar is, kan hier een meertalige tentoonstellingscatalogus (2010) over de geschiedenis van de Ramblas kopen.

Als 'Paleis van de Smaken' staat een aantal meter verderop aan dezelfde kant van de straat de **Boqueriamarkt** 🟦 (zie blz. 30). Alsof er in deze markthal niet genoeg plaats is, heeft de in de hele stad bekende **Pastelería Escribà** 🟦 een plek gezocht op de volgende straathoek (zie blz. 33).

> **Overigens:** enkele van de vele kiosken hier blijven het hele etmaal geopend, wat vroeger gold voor alle krantenstalletjes op de Ramblas. Wie dus op een laat uur nog een actuele krant of ook kauwgum wil hebben, kan daar op de Ramblas in voorzien.

Het vroeger als stationswachtkamer dienende Café Zürich is al heel lang een instituut in Barcelona

Een paar meter verderop ziet u een echte Miró op straat liggen. Deze kunstenaar was nauw verbonden met Barcelona en het in 1976 door hem gemaakte **mozaïek** is ook als een grensmarkering op te vatten. Van hieraf richting haven krijgen de Ramblas een ander karakter.

Accordeons en bont geschminkte lippen

Voor García Lorca, de grote dichter uit het zuiden van Spanje, liet 'het hele Barcelona' zich zien op de Ramblas. Boven ervoer hij het als streng en opgeruimd; bij het lagere gedeelte, dat begint bij het Mirómozaïek, domineerden voor hem 'duizend accordeons en de beloftes van bont geschminkte lippen'. Iets daarvan is nog overgebleven. Prostituees zijn hier thuis, net als vroeger, en net als de bedelaars die hier nu als levende standbeelden hopen dat er muntjes in hun hoed gegooid worden.

Een bonte mengeling van dat alles is aanwezig in het **Café de l'Òpera** (La Rambla 74), waarvan de geschiedenis nauw verbonden is met het operagebouw **Liceu** aan de overkant. Ooit was het alleen bedoeld voor bezoekers van de opera, maar ondertussen is het al lang een café van twee etages, waar strakgekamde types van alle leeftijden graag bij elkaar zitten. Het operagebouw zelf verrees in 1846. Het stond in zijn historie bloot aan meerdere branden en bomaanslagen, omdat de lagere klassen het tot in de 20ste eeuw zagen als een symbool van de zelfvoldane bovenlagen.

Een technisch mankement leidde in 1994 tot een brand die het gebouw bijna volledig verwoestte. De herbouw werd grotendeels betaald door gulle cultuurliefhebbers. De muziek van Wagner is al lang een zwaartepunt in het programma. In de ochtend is de opera te bezichtigen.

De 'Eiffeltoren' van Barcelona

Als u in de richting van de haven loopt, volgt aan dezelfde kant van de straat al gauw het **Centre d'Art Santa Maria** , een expositiecentrum van hedendaagse kunst dat is ondergebracht in het met veel gevoel gerestaureerde renaissancegebouw van een voormalig klooster.

Imposant sluitstuk van de Ramblas is de van ver zichtbare **Columbuszuil** . Deze verrees naar aanleiding van de Wereldtentoonstelling van 1888 en is sindsdien een soort Eiffeltoren van Barcelona.

Informatie

Veel van de bezienswaardige gebouwen aan de Ramblas symboliseren de opkomst van de burgerij in de 19de eeuw en het opheffen van kloosters en kerken, die aan de straatkant buiten de Barri Gòtic een plaats hadden.
Palau de la Virreina : Rambla 99, www.bcn.cat/virreinacentredelaimatge, exposities meestal di–zo 12–20 uur, entree gratis. Bezienswaardig expositiecentrum en bureau voor culturele informatie.
Operagebouw Liceu : La Rambla 51–59, www.liceubarcelona.com, dag. rondleidingen van een uur vanaf 10 uur, € 8,80.
Centre d'Art Santa Mònica : Rambla 7, www.artssantamonica.cat, ma–za 11–20, zo 11–15 uur, entree gratis. Hier is ruimte voor hedendaagse kunst.

De hoogte in

De 60 m hoge **Columbuszuil** is ook een goede panoramatoren (nov.–april dag. 10–18.30, mei–okt. dag. 10–20.30 uur, 1 jan., 25. dec. gesloten., volwassenen € 3, kinderen € 2).

Populaire pleisterplaatsen

Een heel populair trefpunt en plek voor een koffiepauze is **Café Zürich** als van stoeltjes voorzien verkeerseiland aan de Plaça de Catalunya (ma–vr 8–23, za, zo 10–24 uur).
Café de l'Òpera : La Rambla 74, dag. 9–2.30 uur.

De Ramblas bij avond

Boadas heet de oudste en meest stijlvolle cocktailbar van de stad, Tallers 1, ma–do 12–2, vr, za tot 3 uur

③ De stad en de zee –
Oude haven en nieuwe stranden

Kaart: ▶ E–G 7, G–K 7/8 en kaart 3
Vervoer: Metrohalte: Drassanes

Voor Barcelona was de zee er eeuwenlang vooral voor de visvangst, de handel en veroveringen. Pas sinds kort maakt de stad gebruik van haar ligging aan zee om te zwemmen en te zonnebaden. Naar aanleiding van de Olympische Spelen van 1992 hield men er definitief mee op om met zijn rug naar de zee te leven. Pakhuizen zijn zeepaleizen geworden en havenpieren zijn nu loopbruggen van het fraaiste hout.

Het kan haast niet mooier: een haven-wandeling beginnen bij historische scheepswerven. De Drassanes behoren met hun gotische hallen tot de mooiste en gaafste gebouwen in hun soort. Hier werden de galeien, zeilschepen en karvelen getimmerd waarmee Catalonië de grondslag legde voor zijn politieke en economische belangrijkheid. Veel daarvan vertelt en toont het **Museu**

Marítim ①, dat is ondergebracht in de Drassanes. Bij de herinrichting van het havengebied in het jaar 1986 werd het vrachtvervoer naar het zuidoosten van het stadsgebied verplaatst. De nieuwe functie van de Oude Stadshaven (Port Vell): een grote recreatiezone alsmede aanlegplaats voor de passagiersvaart. Bijna alle cruiseschepen van de westelijke Middellandse Zee hebben ondertussen hier een transit- of een thuishaven.

Vis in het aquarium …

Direct aan de havenkant van het voormalige **Douanehuis** ② zet onderaan de **Columbuszuil** ③ (zie blz. 37) een draaibare voetgangersbrug als 'Rambla del Mar' de lijn van Ramblas in de haven voort. Van de op de Moll d'Espanya gebouwde nieuwe bouwwerken is alleen het grootste Europese **Aquàrium** ④ het bekijken waard, ondanks de stevige entreeprijs. Het eveneens op de Moll d'Espanya gebouwde winkelcentrum **Maremàgnum** 1 ontstijgt nauwelijks de doorsnee van fastfoodrestaurants en etalages.

De Moll de la Fusta (officieel: Moll de Bosch i Alsina) loopt naar de ingang van de havenwijk Barceloneta. De naam van de pier herinnert aan een voormalige overlaadplaats voor hout. U passeert op deze route een gerestaureerd zeilschip uit de vroege 20ste eeuw, dat van mei tot oktober te bezichtigen is. Andere blikvangers op deze plek zijn de sculpturen 'La Gamba' van Javier Mariscal en Roy Lichtensteins 'The Head', allebei symbolen van de blijmoedigheid en lichtvoetigheid die ook elders in de stad het stadsbeeld bepalen.

... en op tafel

Aan het eind van deze pier werd een grote opslaghal verbouwd tot het **Palau del Mar** 5 dat in 1996 het onderkomen werd van het Catalaans Historisch Museum. Het restaurant **El Merendero de la Marí** 1 heeft hier met zijn terras aan de haven ook een plek gekregen. Op zomeravonden kunt u hier na het eten simpelweg de straat oversteken om een cocktail te drinken op het schip **Vaixell Luz de Gas** 1. U mist echt iets als u het om de hoek gelegen traditionele restaurant **Set Portes** 2 over het hoofd ziet, waar hemelse vis- en paellagerechten te krijgen zijn.

Hutten en voorname hotels – Barceloneta

De historische visserswijk Barceloneta (vertaald: 'klein Barcelona') is in recente jaren een speelbal van speculanten geworden. De wereld van de kleine mensen, die krap wonen en hun tv in de keuken hebben staan, bleef slechts hier en daar bestaan. Barceloneta werd bebouwd in het ka-

der van een gedwongen verhuizing, toen de Castiliaanse koning Filips V in het huidige Ciutadella-park in 1719 een citadel liet aanleggen, zodat hij het voordien veroverde Barcelona in de greep kon houden. Lange tijd bestond de bevolking er uit vissers, havenarbeiders en Andalusische dagloners. Op de Moll dels Pescadors ziet u ook nog een paar uitgespreide visnetten. Van de meer dan 3000 vissers die er in 1955 nog waren, zijn er ondertussen nog maar 500. Zij kunnen slechts het hoofd schudden over het luxerestaurant **Torre d'Altamar** 3 in de 75 m hoge omloop van Torre de Sant Sebastià. Pure luxe laat zich sinds het begin van 2010 ook gelden aan het eind van de Passeig de Joan de Borbó met **Hotel W Barcelona**. Het door de ster-architect Ricardo Bofill ontworpen bouwwerk lijkt op een 99 m hoog grootzeil. Cocktailbar **Eclipse** 2 op de 26ste etage van het hotel werd met zijn fascinerende uitzicht over zee al snel een absolute trekpleister.

De nieuwe stranden

Na een wandeling door het centrum van Barceloneta, waarbij de **Mercat de la Barceloneta** 2 (Pl. de la Font 1) een bezoek verdient, kunt u naar eigen smaak een plek uitzoeken op het 5 km lange strand. Een bezichtiging op de huurfiets is daarbij ook een moge-

Overigens: de vele officiële lofprijzingen en reclamefolders over het 'nieuwe Barcelona in de buurt van het Fòrum' kunt u met veel korrels zout nemen. De daar gebouwde congres- en evenementenfaciliteiten zijn monsterlijk en krijgen echter eigenlijk alleen enige uitstraling als er aantrekkelijke muziekevenementen te bezoeken zijn.

Tot de attracties van het Aquàrium behoort de 80 m lange onderwatertunnel, waarmee u ook in de buurt kan komen van een van de dertig haaien . . .

lijkheid. Er zijn overal gratis douches en toiletten te vinden. De stukken strand dicht bij de stad beschikken ook over eetgelegenheden en watersportfaciliteiten (zie blz. 41).

Wie een dag aan het strand wil besluiten in een mooie sfeer en met goed eten, kan dat voortreffelijk doen in het ongeveer 800 m ten noorden van de Olympische haven gelegen strandrestaurant **Escribà – El Xiringuito** ❹. Aan de **Port Olímpic** ❸ hebben de bars en clubs op de late avond geen gebrek aan gasten. De nachtbrakers ontmoeten elkaar bij de voor het luxehotel geplaatste grote sculptuur 'El peix d'or', een werk van de bekende architect Frank Gehry.

● ●

Informatie

Museu Marítim ❶: Av. de les Drassanes, s/n, tel. 933 42 99 20, www.mmb.cat, dag. 10–20 uur, 1, 6 jan., 25, 26 dec. gesl., € 2,50, (met korting € 2).
Aquàrium ❹: Moll d'Espanya del Port Vell, s/n, tel. 932 21 74 74, www. aquariumbcn.com, ma–vr 9.30–21,

za, zo en dag. in juni, sept. tot 21.30, in juli, aug. dag. tot 23 uur, € 17,50 (met korting € 12,50).
Museu d'Historia de Catalunya ❺: Palau del Mar, Pl. Pau Vila 3, tel. 932 25 47 00, www.mhcat.net, di, do–za 10–19, wo 10–20, zo 10–14.30 uur, € 4 (met korting € 3).

Restauranttips aan de haven

Tot mijn favorieten in het grote gastronomische aanbod van deze buurt behoren: **El Merendero de la Marí** ◾ (Pl. Pau Vila 1, tel. 932 21 31 41, www.merenderodelamari.com, ma–za 12.30–16, 20.30–23.20 uur, zo alleen in de middag, hoofdgerechten vanaf € 20). Voor liefhebbers van visgerechten is hier alles mogelijk. Hetzelfde geldt voor het om de hoek gelegen traditionele restaurant **Set Portes** ◾ (Pg. Isabell II 14, tel. 933 19 29 50, www. 7portes.com, dag. 13–1 uur, hoofdgerechten vanaf € 16). Een vrij uitzicht over zee krijgt u in het nog jonge strandrestaurant **Escribà** ◾ (Litoral Mar 42, tel. 932 21 07 29, www.escriba.es, metro: Llacuna, di–vr 13–16.30, za, zo 13–17.30, juni–sept. ook 21–23.30 uur, dan zo, ma avond gesl., hoofdgerechten vanaf € 15). Zo bijzonder als de sfeer er is, zo vaak wordt ook de keuken geprezen van **Torre d'Altamar** ◾ (Pg. de Joan de Borbó 88, tel. 932 21 00 07, www.torredealtamar.com, dag. 13–16, 20.30–22.30 uur, menu vanaf ca. € 60, in de middag vanaf ca. € 48). Ook aan te bevelen in dit stadsdeel: de paellaspecialist **Cheriff** ◾ (zie blz. 98) en, met een lange familietraditie, **Can Ros** ◾ (Almiral Aixada 7, tel. 932 21 45 79, dag. 13–16.30, 20–23.30 uur, ca. € 40 voor grote visgerechten) in Barceloneta, evenals **Bestial** ◾ (Ramón Trias Fargas 2, ma–vr 13–15.45, zo–do 20.30–23.30, za, zo 13–16.30, vr, za 10–0.30 uur, menu vanaf ca. € 60), een combinatie van cocktailbar en restaurant, aan het Platja de Barceloneta.

Nachtleven bij haven en strand

Aan de Oude Stadshaven ligt de drijvende cocktailbar **Vaixell Luz de Gas** ◾ (Pl. Pau Vila, www.luzdegas. com, april–sept. dag. 12–3 uur). Overdag ook prettig voor een koffie- of theepauze. 'Grandioos' is het juiste woord voor **Bar Eclipse** ◾ op de 26ste etage van het in 2010 geopende **W-Hotel** op een landtong in de oude haven (Placa de la Rosa dels Vents 1, www.w-barcelona. com, dag. vanaf 19 uur).

Aan de **Port Olímpic** ligt de **Carpe Diem Lounge Club** ◾ (Pg. de Marítim 32, www.cdlcbarcelona.com, di–za 21–3 uur), een populaire nachtclub met meerdere dansvloeren en een grote standbar. Als deze te vol is, hebt u altijd nog een alternatief met de ernaast gelegen **Catwalk Club** ◾ (Ramon Trias Fargas 2–4, dicht bij Hotel Arts, www.clubcatwalk.net, do–zo 24–5 uur).

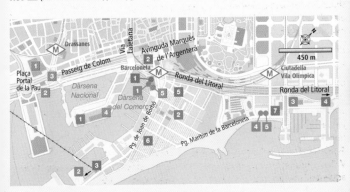

④ Design voor een betere toekomst – rond de Plaça dels Àngels

Kaart: ▶ E 5/6
Vervoer: Metrohalte: Liceu en Catalunya

Het imposante museumgebouw van Richard Meier ging als een stralend wit luxecruiseschip voor anker in de zee van armoede in de wijk Raval. In het kielzog van het Museu d'Art Contemporani de Barcelona veranderde de traditionele armenwijk van de binnenstad ten goede.

Op veel foto's van het elegante museumgebouw zijn op de achtergrond de bouwvallige huizen van de Carrer Joaquin Costa zichtbaar. Arm en rijk botsten hier frontaal. In de *setmana tràgica* ('tragische week') van juli 1909 rebelleerde hier de bevolking in tomeloze woede tegen een schijnheilige Kerk en de feodaal ingestelde overheid. Alle godshuizen van de wijk werden in brand gestoken. Honderd jaar later heeft niemand hier het nog over het lompenproletariaat. Echter, degenen die onder aan de ladder staan

in de samenleving zijn er nog altijd in Raval. De rol van de havenarbeiders en de Andalusische dagloners is ondertussen overgenomen door Afrikaanse prullariaverkopers, Pakistaanse keukenhulpen, schoonmaaksters, dealers en werkloze vrachtwagenchauffeurs.

Kunstreputatie

De gebouwen van de wijk verkeerden tot in de jaren 1990 in rampzalige toestand. Na de bouw van het museum van Meier kreeg Raval zijn eigen Ramblas, waarlangs enkele bars en cafés liggen. De reputatie van de kunst trok galeries, boekwinkels en winkels met vintagespullen aan. De wijk kreeg op zijn minst hier en daar het karakter van een bohemiensbuurt.

Steen des aanstoots

Het uitnodigende en streng gestructureerde **Museu d'Art Contemporani de Barcelona (MACBA)** ❶ aan de

Plaça dels Àngels herinnert in zijn vormentaal aan Le Corbusier. De nadruk van de collectie en het geëxposeerde materiaal ligt op Catalaanse kunstenaars. Sinds 2006 kan het MACBA ook de naburige voormalige kerk van het Convent dels Àngels (16de eeuw) (Carrer dels Àngels 7) gebruiken als tentoonstellingsruimte. Tegenover het MACBA werd aan het eind van de jaren negentig het middeleeuwse kloostercomplex Convent dels Àngels gerestaureerd, om daar plaats voor het **Foment de les Arts Decoratives (FAD)** ② te krijgen. Dit is een overkoepelende organisatie voor creatieve beroepen, die sinds 1903 gewijd is aan het thema 'cultuur en design'. Het centrum is alleen te bezichtigen als er exposities gaande zijn. Tussen het moderne gebouw van Richard Meier en het gotisch complex van de designers, ligt de **Plaça dels Àngels** ① als ontmoetingspunt van de internationale skatersscene. Deze vermaakt zich hier met kunststukjes op skateboards.

Kunst in plaats van aalmoezen

Naast het museum huist het **Centre de Cultura Contemporània de Barcelona CCCB** ③ in het voormalige 'huis der barmhartigheid' (Casa de la Caritat). Waar vroeger de armen te eten kregen, worden nu tentoonstellingen en lezingen gehouden en projecten georganiseerd. Daarbij gaat het om de ontwikkeling van de stedelijke cultuur in de breedste zin. De binnenplaats is fascinerend dankzij een op de façade van het gebouw aangebrachte grote spiegel, die het blauw van de lucht als het ware verandert in een wanddecoratie. De gepresenteerde tentoonstellingen en evenementen draaien om de stads-architectuur, kunst en ecologie. Dit programma wordt geregeld aangevuld met concerten en dansvoorstellingen.

Op een steenworp afstand ligt het **Antic Hospital Santa Creu** ④. Het in de 15de eeuw geopende ziekenhuis moet destijds behoort hebben tot de beste Europese hospitaals. Op 7 juni 1926 werd hier Antoni Gaudí opgenomen, nadat hij bij zijn vaste wandeling geschept was door een tram. De artsen konden niets meer doen voor de grote architect van het modernisme. In de jaren dertig kwam er een einde aan de activiteiten van het ziekenhuis. De gerestaureerde gebouwen van het complex bieden nu onderdak aan de Catalaanse nationale bibliotheek en het instituut voor de Catalaanse taal en cultuur. Ook de gerenommeerde school voor kunst en design, de Escola Massana, heeft hier onderdak gevonden. In het gotische gebouw zijn vooral de cataloguszaal en de leeszaal van de bibliotheek het bezichtigen waard. Af en toe zijn er ook interessante tentoonstellingen te zien van de kunst- en designschool.

Levendige scene

Door de tuinen van het Antic Hospital Santa Creu komt u zonder veel moeite terecht in de **Carrer del Carme** ①. Met meerdere boetieks, cafés en bar-restaurants valt in deze straat en een aantal van haar zijstraten (bijvoorbeeld Doctor Dou, Àngels of Notariat) op hoe de recente verandering van de buurt zich voltrokken heeft. Vooral geliefd zijn **Carmelitas** ① een combinatie van een restaurant en een galerie voor videokunst, en het van een fraaie binnenplaats voorziene bistro-restaurant **En Ville** ②.

Informatie

Museu d'Art Contemporani

de Barcelona: tel. 934 12 08 10, www.macba.es, 25 sept.–23 juni ma, wo, do, vr 11–19.30, za 10–20, zon- en feestdagen 10–15, 24 juni–24 sept. ma, wo 11–20, do, vr 11–24, za 10–20, zo 10–15 uur, 1 jan., 25 dec. gesl., € 7,50 (met korting € 6), exposities € 6 (met korting € 4,50), beide: € 12.

Foment de les Arts Decoratives (FAD) [2]: Pl. dels Àngels 6–5, tel. 934 43 75 20, www.fadweb.org, tijden en prijzen afhankelijk van de desbetreffende tentoonstelling.

Centre de Cultura Contemporània de Barcelona CCCB [3]: Montalegre 5, tel. 933 06 41 00, www.cccb. org, di, wo, vr–zo 11–20, do 11–22 uur, evenals 25 dec., 1 jan., € 4,50 (met korting € 3,40).

Antic Hospital Santa Creu [4]: Carrer de l'Hospital 56, tel. 934 42 20 00, www.escolamassana.es, bibliotheek en leeszaal ma–vr 9–20, za 8–14 uur.

Een kop koffie voor tussendoor

Ramblas del Raval, Carrer del Carme en Carrer de l'Hospital zijn drie drukke straten waar overal prettige plekken te vinden zijn als u even wilt pauzeren.

Bijzonder populair zijn: **Carmelitas** [1] (Doctor Dou 1, www.carmelitas.biz, dag. 10–24 uur) – deze sympathieke combinatie van café, restaurant en galerie huist in een voormalig karmelietenklooster – en **Kasparo** [3] (Pl. Vincenç Martorell 4, tel. 933 02 20 72, dag. 9–24 uur), een rustig galerijcafé, dat veel mensen uit de creatieve sector aantrekt. Het dient als dag- en avondcafé en als bar-restaurant voor tapas en andere hapjes. Een grote boekhandel met een café erin opgenomen is **La Central del Raval** [4] (Elisabets 6, www.lacentral.com, ma–vr 9.30–21, za 10–21 uur).

Etalages kijken

In de **Carrer del Carme** en haar zijstraten, en ook in de directe omgeving van het MACBA, bevinden zich vooral kunst- en designgaleries, vintagewinkeltjes en brutale kleine modeboetieks. Met veel plezier kunt u er een beetje achter uw neus aan lopen, om hier en daar te neuzen in de uitstalling van de winkels en de prettige sfeer in u op te nemen.

Tafeltje-dek-je in Raval

Pas recent zijn er in Raval enkele aanbevelenswaardige restaurants gekomen (zie RA, blz. 33, en Casa Leopoldo, blz. 47). Een reeks nieuwe adressen heeft er echter voor gezorgd dat de buurt is opgewaardeerd. Tot de beste behoren het gezellig ingerichte **En Ville** [2] (Doctor Dou 14, tel. 933 02 84 67, www.envillebarcelona.es, ma–za 13–16, di–za 20–24 uur, menu vanaf € 20) en ook **El Jardí** [5] (Hospital 56, tel. 933 29 15 50, www.eljardibarcelona.es, ma–vr 10–23 uur, hoofdgerechten vanaf € 15). Het verscholen tuinrestaurant bevindt zich in de gotische tuin van het voormalige Hospital de la Santa Creu.

⑤ Nachtelijke verrassingen – de Sala Apolo

Kaart: ▶ D/E 5/6
Vervoer: Metrohalte: Paraŀlel

'De nacht is er niet alleen om te slapen, de nacht is er zodat er wat gebeurt!' Geen andere Europese metropool doet deze liedregel zoveel eer aan als Barcelona. En het begon allemaal op de rij straten van de Paraŀlel.

Natuurlijk wisten de betere kringen van Barcelona in de 17de eeuw al hoe ze in hun stadspaleizen bruisende feesten moesten vieren, waarbij de dienaren gestaag de kaarsen voor de grote kroonluchters bleven aandragen. De spannende roman *Senyoria* van de bestsellerauteur Jaume Cabré belicht deze wereld op een onderhoudende manier. Maar het nachtleven van de theatershows, de verlichte façades en de elektrisch versterkte muziek zou zonder elektriciteit niet denkbaar zijn – en die is er pas in Barcelona sinds de eeuwwisseling van de 19de naar de 20ste eeuw.

Belangrijkste adressen voor nachtbrakers

Dat waren ook de beginjaren van de eerste uitgaanswijk van de stad aan de Paraŀlel. Hier, heel dicht in de buurt van het gelijknamige metrostation, opende in 1898 het huidige **Teatre Victòria** ① (destijds Café Sevilla) zijn deuren. In 1907 volgde het Teatre Apolo, tegenwoordig als Sala Apolo een zeer geliefde concert- en danszaal. Als derde kwam daar in 1913 het varietétheater Petit Moulin Rouge bij, later El Molino, dat nadat het lange tijd gesloten was en verbouwd werd in 2010 weer opengegaan is (beide zie blz. 46 en 47).

Daarbij kwamen de eerste bioscopen van de stad en al gauw had de Paraŀlel een reputatie als 'Broadway Barcelonés'. De terrassen van de avondcafés daar vulden meer dan 100 m van het trottoir. In de Petit Moulin Rouge traden internationale showbusinessgrootheden op, in de danszalen en varietétheaters krioelde het van gigolo's, burgers en bandieten. Met Raquel Meller had de stad haar eerste idool. Een klein **standbeeld** 1 op het naar haar vernoemde plein herinnert aan deze vroegere koningin der nacht. De nabije haven en de aangrenzende Ravalwijk drukten hun stempel op deze eerste amusementswijk. Deze mengeling van sloebers en snobs werd al gauw het decor van vele romans.

Al lang hebben de clubs, bars, nachtcafés en livemuziekpodia hun net uitgebreid over de hele stad en zijn er ook bij de Olympische haven, in Eixample en op de stadsberg Montjuïc uitgaanscentra ontstaan. De nachtelijke betovering lijkt met de heropening van de Molino (zie rechts) weer terug te keren op de ParaHel.

'Het oog luistert ook'

Eerst een komedietheater, daarna een grote balzaal en in recentere jaren een knoert van een concert- en danszaal met originele inrichting uit de jaren twintig: de eerste honderd jaar van zijn bestaan heeft het **Apolo** 2 met bravoure overleefd en in internetfora lees je complimenten als het volgende: 'Ik houd van de Sala Apolo. Alle concerten die ik daar meemaakte waren geweldig. De grote balzaal met zijn mooie lampen heeft een goede sound. Het is uit de oude school, maar het oog luistert ook mee!' De twee zalen (Sala Apolo en Apolo 2) hebben elke avond een aantrekkelijk programma, dat varieert van flamenconachten tot optredens van internationale pop-, soul- en funkbands. De optredens van de Big

In de detectiveromans van de beroemde schrijver Manuel Vásquez Montalbán keerde Casa Leopoldo steevast terug. Hij was dol op de voortreffelijke keuken

Band Barcelona-Jazz-Orquestra behoren al lang tot de hoogtepunten. Ze vinden één keer paar maand plaats (doorgaans op zondag). Om u voor te bereiden op een avond in het Apolo kunt u het best het programma bekijken op de website.

Zwerftocht in de omgeving

Na een ingrijpende restauratie heeft **El Molino** ③, dat in de buurt van Sala Apolo ligt, zijn deuren weer geopend. Achter de onder monumentenzorg vallende façade, in de stijl van het modernisme, verheft zich nu geheel nieuwe hoogbouw, die met variété, dans en muziek de traditie van het door de stad aangekochte gebouw weer moet opvatten. In de reeks namen van het gebouw weerspiegelt zich ook de stadshistorie. Toen het in 1913 opengging als Petit Moulin Rouge, toonde dit dat de blik van Barcelona op Parijs gericht was voor vernieuwingen. Toen de stad aan zelfvertrouwen had gewonnen, ging het Molino Rojo heten. Dit bleef zo tot na de burgeroorlog. Het woord 'rood' werkte echter als een rode lap op een stier bij de Franco-dictatuur, in die mate zelfs dat de 'rode molen' in de jaren veertig ten slotte El Molino werd.

De beste Catalaanse burgermanskost

Direct tegenover de nieuwe oude molen gaat de Carrer de Sant Pau de Ravalwijk in. De meteen aan uw rechterhand liggende kerk **Sant Pau del Camp** ② verdient ook bij avond een ogenblik uw aandacht, zodat u haar bij terugkeer op een van de volgende dagen snel zult kunnen herkennen. Er is een betoverende kloostergang met tuin en het voormalige kloostercomplex uit de 10de eeuw is in Barcelona een van de weinige bewaard gebleven romaanse bouwwerken.

Overigens: balzaal **La Paloma** in de Gasse Tigre (nr. 27) was gedurende decennia een van de absolute hoogtepunten van het nachtleven in Barcelona. Ze werd in 2008 wegens onvoldoende geluidsisolatie gesloten en was in 2010 nog niet heropend. Een blik op de uitgaanskalender of even informeren bij het toeristenbureau kan misschien iets opleveren: misschien heeft dit bizarre allemanspaleis weer zijn deur geopend als u dit boek leest.

Ook op de nabije Rambla del Raval blijft het nog even spectaculair. De elegante nieuwe toren van hotel Barceló Raval valt al uit de verte op. Het hotel herbergt met de **B-Lounge** ④ een razendsnel populair geworden combinatie van een club, een tapasbar en een cocktailbar met panoramaterras. Meer met beide benen op de grond is de sfeer voorbij de volgende straathoek. In de Carrer Sant Rafael, die aftakt van de Rambla del Raval, genieten de Barcelonezen al tientallen jaren van de sublieme Catalaanse burgermanskost in **Casa Leopoldo** ①. Tot de stamgasten van het restaurant behoorde de schrijver Manuel Vázquez Montalbán, die de hoofdpersonen van zijn Barcelonese detectiveverhalen ook naar andere tradtionale kroegen en cafés in de buurt stuurde.

Zulke locaties zijn bijvoorbeeld de **Bar Marsella** ⑤ in de Carrer Sant Pau, een bijna tweehonderd jaar oud 'absinth-pompstation' waar ook Hemingway al de nodige glazen van deze modedrank innam, en de meer dan honderd jaar oude Café-Bar **Casa Almirall** ⑥, een traditierijke combinatie van een bar, een café en een podium voor kleinkunst.

Snel gereageerd

Dat het kleine plein aan de overkant van het restaurant Casa Leopoldo al kort na de dood van Vázquez Montalbán in het jaar 2003 getooid werd met de naam van deze detective-schrijver en dappere tegenstander van Franco, is uitgesproken tactvol en helemaal zoals het hoort.

● ●

Bezienswaardig langs de route

Een **beeld** ① op het naar haar vernoemde plein eert met **Raquel Meller** een van de eerste grote sterren van het 'Broadway Barcelonés'. Het kleine plein grenst aan een architectonisch monument: het voormalige kloostercomplex **Sant Pau del Camp** op Carrer de Sant Pau 101 (zie blz. 77).

Oorsprong van het nachtleven

De veteranen aan de Paraŀlel vormen een dicht bijeen gelegen driehoek met het **Teatre Victòria** ① (Paraŀlel 67, tel. 933 29 91 89, www.teatrevictoria.com, voorstellingen di–zo 21 uur, kaartjes vanaf € 25, vaak musicals en varieté), **Sala Apolo** ② (Nou de la Rambla 111–113, tel. 934 41 40 01, www.sala-apolo.com, dag. programma 21–6 uur, concerten € 10–30, club € 13 incl. 1 drankje) en **El Molino** ③ (Vilà i Vilà, 99, www. molinobcn. com; meer informatie over het programma van het theater kunt u vinden op de website).

Uitgaan in Raval

Een lange avond in Raval kunt u met veel plezier en sfeer beginnen als u eet in het **Casa Leopoldo** ① (Sant Rafael 24, tel. 934 41 30 14, www.casaleopoldo.com, di–za 13.30–16, 21–23 uur, zo alleen in de middag, hoofdgerechten vanaf € 15). Voor de cocktail na afloop is er de panoramabar **B-Lounge** ④, in het nabije hotel Barceló Raval (Rambla del Raval 17–21, www.barceloraval.com, dag. 12–24, vr, za tot 2 uur).
Vandaar is het altijd maar een paar stappen naar een club, een café of een bar. Tot de vele mogelijkheden behoren: het **Café de les Delices** ⑦ als een aangenaam avondcafé aan de Rambla del Raval 47 (dag. 18–2 uur), het **Casa Almirall** ⑥ (Joaquin Costa 33, dag. 19–2 uur), de **Jazz Si Club** ⑧ (Requesens 2, tel. 933 29 00 20, www.tallerdemusics.com/jazzsi-club/, dag. vanaf 20 uur jazz- en flamenco-sessies, entree vanaf € 6) of de bar **Marsella** ⑤, gelegen in de Carrer Sant Pau 65 (ma–za 22–2 uur).

6 Gedeelde eerste plaats? – drie mooie pleinen in de Barri Gòtic

Kaart: ▶ Kaart 2, A/B 2–4
Vervoer: Metrohalte: Liceu

Of het nu gaat om representatieve pleinen naar Frans voorbeeld, kleine pleinen die voortkwamen uit kerkhoven of idyllische plekjes die als ontmoetingspunt van stadsbuurten worden ingericht – in de Barri Gòtic is de variatie van deze pleisterplaatsen betoverend.

Hoewel het er dichtbij ligt, is de **Plaça Reial** 1 vanaf de Ramblas gezien niet bepaald een grote blikvanger. Het imposante, besloten plein, door een kleine passage gescheiden van de grote boulevard, ligt op de plek van een capucijnerklooster, dat in de eerste helft van de 19de eeuw werd platgebrand. Het plein werd in 1848 aangelegd als een grote rechthoek, in imitatie van stadspleinen van Napoleon. De afmetingen van ca. 100 x ca. 50 m, een classicistische bebouwing met cafés in de arcaden, de beplanting met grote palmen en de inrichting met fonteinen en lantaarns (die door Gaudí gemaakt werden) – het was allemaal naar de smaak van de hogere burgerij, die de Ramblas ontdekte in de 19de eeuw en aanpaste.

Salon van de stad

In de jaren zeventig, na de Spaanse dictatuur, bladderde hier de pleister van de vuile façades en alles zag er verwaarloosd uit. Er waren schoenenpoetsers, drugsdealers en zigeunerkinderen, en de deftige burgers waren spoorloos. Na de totale renovering van het plein in de jaren 1981–1983 veranderde het beeld volledig en werd de Plaça Reial weer een grote openluchtsalon voor de binnenstad. De façades en woningen herkregen hun oude glans, wat bijvoorbeeld te zien is op de 300 m² grote voormalige woonetage van het kunstencentrum **SETBA** 2. In plaats van de smoezelige bars zijn er populaire terrassenrestaurants als **Quinze**

Nits ① of **Taxidermista** ② gekomen. Als het avond is geworden, ontmoeten de Barcelonezen elkaar in de jazzclub **Jamboree** ① of in de disco **Karma** ②. Het is zeker de moeite waard om bij de verschillende toegangen van het plein om de hoek te kijken. Zo ontdekt u bijvoorbeeld aan de Carrer del Vidre het winkeltje **Herboristeria del Rey** ①, een oude kruidenzaak die het in 1860 zowaar bracht tot hofleverancier.

Kunst en cacao

Een andere idyllische plek in de Barri Gòtic is eigenlijk een dubbelplein, dat bestaat uit de **Plaça del Pi** ③ en de aangrenzende Plaça Sant Oriol. Het opheffen van het kerkhof bij de **Iglesia del Pi** ④ leidde tot het ontstaan van dit sfeervolle hoekje. In de kerk zijn er vaak gratis concerten. Het rijk van terrassen voorziene plein wordt omzoomd door bars. De meest traditionele daarvan is **Bar del Pi** ③. In de kleine steeg Petritxol, die vanaf het plein omhoog loopt naar de Carrer de la Portaferrissa, is het niet moeilijk om een hele middag nodig te hebben voordat u 100 m verder bent. Kunstgaleries en granja's pronken met de thema's 'kunst' en 'cacao'. Tot de bekendste van de vele kunstgaleries van Barcelona behoort de **Sala Parés** ② (huisnr. 5), die als eerste kunsthandel Picasso's werk tentoonstelde in 1901. Met haar grote collectie Spaanse schilderkunst uit de 19de en 20ste eeuw verdient deze galerie nog steeds een uitgebreid bezoek. Ook al generaties lang gerespecteerd als 'goede tenten' zijn de beide granja's **Dulcinea** ④ (huisnr. 2) en **La Pallaresa** ⑤ (huisnr. 11). Hier

moet u zichzelf zeker trakteren op een *crema catalana* of een *xocolata amb xurros*. Bij de laatstgenoemde specialiteit gaat het om een gefrituurd baksel. Men verorbert het warm en doopt het daarbij in de cacao.

Gaudí's lievelingsplein

Langs de route naar de naast de kathedraal gelegen, dromerige **Plaça de Sant Felip Neri** ⑤ ligt het **Caelum** ③, een charmante combinatie van winkel en café. De winkel verkoopt delicatessen die door kloosters geproduceerd zijn, en in de kelder is een sfeervol café ondergebracht. Hiervandaan bereikt u via de Banys Nous en de stegen Santa Eulàlia en Sant Felip Neri het verscholen gelegen plein dat Antoni Gaudí koos als doel van zijn vaste avondwandeling in de tijd dat hij bouwde aan de Sagrada Família (1883–1926). Er zijn hier geen cafés of terrassen, wat de stille, tijdloze betovering van het kleine plein ten goede komt. Oeroud plaveisel, een paar bomen, een kleine fontein, de kerk Sant Felip Neri – dat is alles wat er hier is. Kogelgaten die vandaag de dag nog steeds zichtbaar zijn in de kerkmuur, herinneren aan de gewelddadige tijden van de Spaanse burgeroorlog.

Omdat de Plaça de Sant Felip Neri op slechts een steenworp afstand van de kathedraal **La Seu** ⑥ (zie blz. 74) gelegen is, is het mogelijk een goed idee om voor dit onderdeel van uw wandeling wat meer tijd in te ruimen, zodat u het plein en zijn omgeving op uw gemak kunt bezichtigen.

• •

Rond de Plaça Reial

Een goede gelegenheid om een indruk te krijgen van de binnenhuisarchitectuur van de woningen rond het plein biedt het kunst- en cultuurcentrum

SETBA Zona d'Art (nr. 10, 1ste etage, 2a, tel. 934 81 36 96, www.setba.net, ma–do 10–14, 16.30–19.30, vr, zo 10–14 uur). Zeer geliefd vanwege de lage prijzen en het terras, maar tegelijkertijd bekritiseerd wegens 'massaproductievoer uit blik', is het 'eerste restaurant op het plein', **Les Quinze Nits** (nr. 6, tel. 933 17 30 75, www.lesquinzenits.com, dag. 13–15.45, 20.30–23.30 uur, reserveren niet mogelijk, hoofdgerechten vanaf € 10). Eveneens druk bezocht en geschikt voor een kop koffie op een terrasje: **Taxidermista** (nr. 8, tel. 934 12 45 36, www.taxidermistarestaurant.com, di-zo 13–16, 19.30–24 uur, maaltijdgerechten vanaf € 12, ook tapas). In het lokaal huisde een natuurhistorisch museum, waar Dalí opgezette dieren zou hebben gekocht als voorbeeld voor zijn schilderijen. Later op de avond is het op Plaça Reial 17, bij **Jamboree**, spitsuur (www.masimas.com, dag. 22.30–5 uur). Dat Chet Baker hier optrad is bewijs voor de lange traditie van het kleine podium, waarvoor ook gedanst wordt. Een al heel lang op het plein aanwezige disco is **Karma** (nr. 10, www.karmadisco.com, di-zo 24–5.30 uur). In de Passage Vidre, die van het plein naar de Carrer de Ferran loopt, kunt u een blik werpen in de uit 1823 daterende 'koninklijke kruidenwinkel' **Herboristeria del Rey** (Vidre 1, di-vr 16–20, za 10–20 uur). Meer dan 200 kruiden, specerijen, natuurlijke cosmetica, honing enzovoort.

Aan de Plaça del Pi

Op het terras van de **Bar del Pi** kunt u de sfeer van het plein het best op u laten inwerken (Pl. de Sant Josep Oriol 1, ma, wo–za 9–23, zo 10–22 uur). Lekkerbekken worden helemaal blij om de hoek, in de volgende granja's: **Dulcinea** (Petritxol 2, dag. 10–21 uur), sinds 1941 populair vanwege zijn goede zoetigheden, en **La Pallaresa** (Petritxol 11, www.lapallaresa.com, ma–za 9–13, 16–21, zo 9–13, 17–21 uur). Ook hier zijn er al meer dan 60 jaar Crema Catalana en andere typisch

Overigens: op weg van de Plaça Pi naar de Plaça de Sant Felip Neri kunt u met een kleine wandeling door de buurt van de stegen Call, Banys Nous, Sant Sever en Sant Honorat de Joodse wijk van Barcelona leren kennen. Het enige zichtbare teken van het joodse verleden is daarbij echter de **Sinagoga Major** op de straathoek Carrer Marlet/Arc de St. Ramon (www.calldebarcelona.org; uitgebreide informatiekrijgt u in het Centro de Interpretación del Call op dezelfde plek).

Catalaanse zoetigheden te krijgen. Een van de bekendste galeries van de stad heeft hier ook haar onderkomen: **Sala Parés** (Petritxol 5, tel. 933 18 70 20, www.salapares.com, ma–za 10.30–14, 16.30–20.30, zo 11.30–14 uur).

Bij de Plaça de Sant Felip Neri

Op nog geen 5 minuten lopen van het stille plein ligt de aanrader **Caelum** (Palla 8, www.caelumbarcelona.com, winkel: ma–do 10.30–20.30, vr, za tot 23.30, zo 11.30–20.30 uur, café in de crypte altijd vanaf 15.30 uur).

Kaart: ▶ G 6 en kaart 2, D 3/4
Vervoer: Metrohalte: Jaume I

De grootste trekpleister van de wijk Born is een collectie jeugdwerk van Picasso, en wel de grootste ter wereld. De kleine Montcada-steeg, waarlangs de gotische paleizen staan waarin het museum is ondergebracht, heeft echter nog veel meer interessants te bieden.

In de vierhoek die wordt omsloten door de stegen Princesa, Montcada en Rec en de Passeig del Born, is het simpelweg heerlijk om gewoon maar wat rond te zwerven, zonder dat u een vast plan hebt. Oude adellijke paleizen, door palmen beschaduwde binnen-

plaatsen waar u een sfeervolle koffiepauze kunt houden, volslagen maffe of extravagante modezaken, delicatessenwinkels, tapasbars, bonbonnerieen, bars en restaurants zijn er voor elke smaak!

Picasso's geschenk

Het beste kunt u het toegangskaartje voor het **Museu Picasso** ⬛ al bij aankomst in uw zak hebben (zie blz. 54), want langdurig in de rij staan is pure tijdverspilling. Het museum neemt met zijn expositieruimte, de winkels en de aanbevelenswaardige cafetaria een rij van vijf gotische paleizen in beslag. Het werd in 1963 geopend in het paleis Berenguer d'Aguilar (nr. 15) en gebruikt ondertussen ook de ruimte van de paleizen Castellet en Meca, alsmede het Casa Mauri en het paleis Finestres (nr. 23). In het paleis Aguilar, een gebouw uit de 15de eeuw, is een heel mooie patio te bewonderen. Bij recente restauratiewerkzaamheden werd hier een wandschildering uit de 18de eeuw blootgelegd. Het toont de Catalaanse verovering van Majorca en verwijst naar het ontstaan van de Carrer Montcada.

Het drukst bezochte museum van Barcelona heeft als duidelijk zwaartepunt de ontwikkelingsjaren van Pablo Picasso vanaf 1904. Latere creatieve hoogtepunten van Picasso blijven voorbehouden aan het Musée National Pablo Picasso in Parijs.

Vroeg werk van een genie

In zijn inleiding bij de collectie van het Picassomuseum schrijft de kunsthistoricus Juan-Eduardo Cirlot: 'Picasso schonk in februari 1970 zijn complete vroege werk, dat nog werd bewaard in het huis van familie in Barcelona, aan het lokale Picassomuseum. Het zijn 213 olieverfschilderijen op doek, karton of ander materiaal, 681 tekeningen, pastels en aquarellen op papier, 17 schetsboeken en albums, vier boeken met tekeningen in de marge, een ets en meerdere objecten. Veertien van de schilderingen op hout of linnen en 504 tekeningen zijn aan de achterkant beschilderd of met schetsen bedekt, daarbij komen 826 bladzijden met tekeningen in de schetsboeken. In totaal bestaat Picasso's gulle geschenk dus uit meer dan 2200 werken. [...] Ze stammen uit de tijd tussen 1890 en 1904, en ze zijn dus ontstaan in de tijd tussen zijn 10de en 24ste levensjaar. Daarbij komt een groep belangrijke werken die Picasso in 1916 en 1917 schilder-

Overigens: in veel winkels, galeries en musea van Born ligt de kleine gratis brochure **Circuit del Born** (www.barcelonacircuits.blogspot. com). Deze tot trefwoorden beperkte verzameling adressen van bars, restaurants, clubs, boetieks, galeries e.d., is goed te gebruiken als een eerste oriëntatie in deze wijk.

de en tekende. [...] De collectie openbaart bovendien zijn vroege veelvoud aan stijlen en technieken, maar ook zijn overvloed aan motieven en invallen.' Ondertussen omvat de collectie van het museum meer dan 3500 werken uit zijn vroege creatieve jaren, alsmede een lange reeks voorbeelden uit latere perioden die Picasso tonen als een zoekende en baanbrekende kunstenaar.

Droompaleizen

De kleine Montcada-steeg ontbreekt het evenmin aan interessante dingen. In de late middeleeuwen vestigden zich hier rijke kooplieden in de grote paleizen, waarvan het karakter goed bewaard is gebleven. Aan de oostelijke kant van de straat herbergen deze herenhuizen de collectie van het Picassomuseum, terwijl aan de overkant (nr. 12–14) het design-tentoonstellingscentrum **Disseny Hub Barcelona** 2 gevestigd is. Dit is ook in oude paleizen ondergebracht, die door een prachtige binnenhof met elkaar verbonden zijn. In samenwerking met de musea voor kunstnijverheid en textiel en met de grafische collecties van de stad documenteert het centrum de ontwikkeling van het product-, meubel- en modedesign. De patio van **Café dhub** 1 is de meest sfeervolle pleisterplaats die er in de wijde omtrek te vinden is. Het terras en het restaurant zijn nog altijd bekend onder de naam

'Textielcafé', wat te danken is aan het textielmuseum, dat tot voor kort was ondergebracht in de gebouwen eromheen.

In het Palau Dalmases kunt u genieten van een paleissfeer bij avond. Hier heeft zich achter huisnummer 20 het avondcafé **Espai Barroc** 1 geïnstalleerd. Wie deze naam opzoekt op YouTube, kan een eerste indruk krijgen van de kleinschalige concerten die hier af en toe plaatsvinden.

Overdag is een bezoek aan het paleis de moeite waard vanwege het goede kunstaanbod van de **Galeria Montcada** 1, die in een bijgebouw hedendaagse kunst tentoonstelt. De bijna aan de overkant gelegen **Galeria Maeght** 2 is zeker het bezoeken waard. Deze galerie heeft een fraaie patio en

haar selectie moderne kunst is de reputatie van deze Parijse kunsthandel waardig.

Aan de uitgang van de kleine straat, in de richting van de gotische kerk **Santa Maria del Mar** 3 (zie blz. 77), kunt u naar keuze op krachten komen met tapas of met een glas cava. Tussen de vele tapasbars (zie blz. 55) die hier te vinden zijn, verschuilt zich namelijk de reeds lang populaire, originele taveerne **Xampanyet** 2, een van de weinige nog resterende gelegenheden die de mensen zo graag als 'typisch' beschrijven. Hier komen alle lagen van de bevolking en alle leeftijden in de vroege avond bij elkaar voor een glas cava en een stevige portie tapas.

Informatie

Museu Picasso: Montcada 15–23, tel. 932 56 30 00, www.museu picasso.bcn.es, di–zo, feestdagen 10–20 uur, ma en 1 jan., 1 mei, 24 juni, 25, 26 dec. gesl., € 9, tot 16 jaar gratis, zo vanaf 15 uur en elke 1ste zondag van de maand gratis entree. Kaarten kunt u bestellen op de website.
Disseny Hub Barcelona: Montcada 12, tel. 932 56 23 00, www.dhub-bcn.cat, di–za 11–19, zo 11–20, feestdagen 11–15 uur, 1 jan, 24 juni, 25, 26 dec. gesl., € 5 (met korting € 3), zo vanaf 15 uur en elke 1ste zo van de maand gratis entree.
Galeria Montcada: Montcada 20, www.galeriamontcada.com, di–za 10.30–14.30, 16.30–20.30 uur, hedendaagse kunst, daarbij worden ook veel regionale kunstenaars geëxposeerd.
Galeria Maeght: Montcada 25, www.maeght.com, ma–vr 10–14, 16–19, za 10–15 uur. Dit filiaal van de bekende Parijse galerie heeft

bijzonder mooie expositieruimtes aan de rand van een imposante patio. De aan het eind van de Montcadasteeg oprijzende **Santa Maria del Mar** behoort met haar strenge gotische waardigheid tot de mooiste kerken van de stad (ma–za 9–13.30, 16.30–20, zo 10–13.30 uur, zie blz. 77).

Stijlvol bijtanken

Café dhub: Montcada 12, tel. 932 95 46 57, www.laie.es/restaurante/ dhub/13/, di–zo 10–24 uur, warm eten 12.30–16, 19.30–23 uur, schotels vanaf ca. € 12.
Xampanyet: Montcada 22, di–za 12–16, 19–23, zo 12–16 uur.

Serenades en cocktails

De sfeer van een paleis bij avond en aan de tafeltjes gezongen aria's is er in **Espai Barroc**. De sfeervolle cocktailbar is in het Palau Dalmases ondergebracht (Montcada 20, tel. 933 10 06 73, di–vr 21–2, za 22–3, zo 18–22 uur).

8 Wie het kleine niet eert – tapasbars in Born

Kaart: ▶ kaart 2, D/E 3/4
Vervoer: Metrohalte: Jaume I

In Barcelona doen talloze tapasbars hun best om bezoekers binnen te halen. Als u rond gaat wandelen komt u in alle wijken van de oude stad en ook in Eixample verleidelijke aanbiedingen tegen. De kwaliteit van de tapas verschilt echter sterk en het loont de moeite om uit te kijken naar bars waar men echt verstand heeft van het bereiden van deze kleine lekkernijen. In de wijk Born zijn er meerdere van dit soort goede adressen te vinden.

'Tapa' is het Spaanse woord voor 'deksel'. Wat dit met deze hapjes te maken heeft, wil de legende als volgt verklaren: bij het serveren van wijn legden de kasteleins vooral in de zomer kleine deksels of onderzetters op de glazen, om te voorkomen dat er vliegen terecht kwamen in de wijn. Op deze dekseltjes kwamen eerst een paar noten of olijven te liggen. Uit deze gewoonte is de kunst voortgekomen om de deksels te beleggen met allerlei smakelijke hapjes.

De hoogstaande kunst van de Baskische tapasbereiding

Lange tijd waren het de Basken die de meeste fantasie aan de dag legden bij het beleggen van een stuk stokbrood. En vandaag de dag zijn het nog steeds Baskische namen die u vertrouwen kunt als u op zoek bent naar een goede tapasbar. Aan de Passeig del Born zorgt **Euskal Etxea** 1 al vele jaren voor tevreden gasten, zoals te zien is aan de lange rijen die er elke avond voor de toonbanken staan. Dit uitstekende adres bevindt zich vlak naast de kerk Santa Maria del Mar (zie. blz. 77). Het lokaal behoort tot een Baskisch cultureel centrum en is een van de oudste tapasgelegenheden van de stad. Omdat de in Barcelona wonende Basken zich op het

> **Overigens:** er is een mooi in het Nederlands vertaald fotoboek dat op deskundige en boeiende wijze een overzicht geeft van de Catalaanse eetcultuur, inclusief tientallen recepten. De schrijver is Paul Richardson en de foto's zijn van Jason Lowe: **Uit eten in Barcelona** (191 blz., Good Cook Publishing, 2005, € 25). Het boek heeft natuurlijk ook een hoofdstuk over tapas en tips over markten, restaurants en bars.

gebied van tapas geen knollen voor citroenen laten verkopen, beschouwen hun koks een constant hoge kwaliteit in de keuken als een nationale erezaak. In het eenvoudige, met houten tafels ingerichte restaurant bevindt zich ook een *comedor*, een eetzaal dus, waar u uitgebreider kunt genieten van de Baskische keuken. Wat maakt Baskische tapas zo voortreffelijk? De hoeveelheid en de keuze zijn in de regel groter. Bovendien besteden de Basken bijzonder veel moeite aan de bereiding van crèmes en sauzen.

Beste inheemse Catalaanse tapas

Aan de overkant van de Passeig del Born is het maar een paar stappen naar de Plaça de les Olles. Daar heeft tapaskoning José (Pep) Manubens zijn domein in **Cal Pep** ❷. Gebaseerd op traditionele Catalaanse recepten worden hier tapas (en daarnaast gewone schotels) bereid met de beste ingrediënten. Er zijn nauwelijks betere mogelijkheden om de Catalaanse passie voor goed eten en uitmuntende wijnen te ervaren dan in deze bar. De tapas en *raciones* (porties op een bord) zien er een beetje simpeltjes uit, maar overtuigen door hun intense smaak, waardoor ook schijnbaar simpele gerechten

smelten op de tong. U moet er vroeg bij zijn, want deze gelegenheid zit altijd tjokvol.

Baskische tapas per strekkende meter

Het volgende adres in de 'magische tapasdriehoek' is **Taberna Sagardi** ❸. Het nabij de kerk Santa Maria del Mar gelegen restaurant met terras maakt deel uit van een Baskische keten. Dat mag wat onsympathiek klinken, maar het doet geen afbreuk aan de kwaliteit van de tapas. De meterslange toonbank van deze taverne, vol met allerlei verleidelijke lekkernijen, dient voor de Barcelonezen al vele jaren als ontmoetingspunt en uitvalsbasis tijdens een avondje uit.

Kostbare gekunsteldheid

Dan blijft echter het hete hangijzer van de prijs: de hausse en de veredeling ervan hebben de tapas duur gemaakt. Bijna overal betaalt u voor drie of vier belegde stokbroodsneetjes ongeveer 8 tot € 10, soms ook meer.

Een voorbeeld van de kostbare gekunsteldheid levert Carles Abellans met zijn hightech tapas in **Comerç 24** ❹. De leerling van de wereldberoemd geworden keukenalchemist heeft zijn restaurant ingericht met puristische elegantie en de tapas opnieuw uitgevonden, en verwerkt daarbij Aziatische, Italiaanse en zelfs Amerikaanse invloeden. Voor dit geknutsel betalen veel gasten veel geld.

En na het eten?

Rond de kleine boulevard **Passeig del Born** ❶ strekt zich een hele reeks cocktail- en muziekbars uit, waar u de avond kunt afronden in een geweldige sfeer. Zo vindt u hier bijvoorbeeld de al sinds de prehistorie populaire kleine cocktailbar **Gimlet** ❶ in de Carrer del Rec.

Meteen daartegenover kunnen jazzliefhebbers in de late avond terecht in de bar **Borneo** ❷. Aan de Passeig del Born bevindt zich tevens de avondbar met de fraaie naam **Miramelindo** ('Kijk me eens mooi aan') ❸. Dit adres is al sinds mensenheugenis een populaire maar rustige plek.

• •

De beste tapasbars

Euskal Etxea: Pl. Montcada 1–3, tel. 933 10 21 85, http://euskaletxeak.org, dag. 13–16, 20–24 uur.

Cal Pep: Pl. de les Olles 8, tel. 933 10 79 61, www.calpep.com, di–za 13–15.45, 19.30–23.30 uur, ma alleen in de avond, za alleen in de middag, aug. gesl.

Taberna Sagardi: Argenteria 62, tel. 933 19 99 93, www.sagardi.com, dag. 13–15, 20–24 uur.

Comerç 24: Comerç 24, tel. 933 19 21 02, www.comerc24.com, di–za 13.30–15.30, 20.30–23 uur.

Voor de late avond

Gimlet: Rec 24, 22–3 uur. Deze veteraan onder de cocktailbars is ondertussen niet meer weg te denken uit Born. Hij heeft ook een filiaal in Eixample (Santaló 46).

Borneo: Rec 49, di–zo 20–3 uur. In deze ontspannen nachtclub vult jazz het muziekprogramma. Af en toe zijn er kleine liveconcerten.

Miramelindo: Pg. del Born 15, dag. 20–2.30 uur. Een avondgelegenheid, die vooral populair is bij de leeftijdsgroep van 30 en ouder.

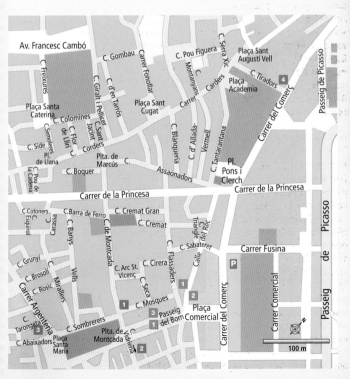

9 Zwelgen in het modernisme – Palau de la Música Catalana

Kaart: ▶ G 5 en kaart 2, D 1/2
Vervoer: Metrohalte: Urquinaona

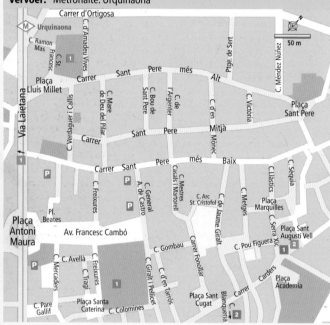

Het door de architect Domènech i Montaner ontworpen muziekpaleis toont als een 'Ode aan Catalonië' het weelderigste wat het modernisme heeft voortgebracht. Van binnen en van buiten is het een ware zee van kleuren en vormen. Het concertprogramma is zeer gevarieerd en trekt een zeer talrijk publiek. Wilt u overdag een rondleiding meemaken in dit burgerpaleis of wilt u 's avonds van een concert genieten? Het beste kunt u het woordje 'of' doorstrepen!

In 2008 vierde het **Palau de la Música Catalana** 1 zijn honderdste verjaardag. De veelkleurige en vormenrijke tempel van de muzen ligt op nauwelijks tien minuten lopen van de Plaça de Catalunya. Het geldt als het meest overdadige bouwwerk van het modernisme en dient tegenwoordig even goed als podium voor klassieke concerten als voor jazz- en gitaaravonden. Beeldhouwers, stukadoors en glazeniers hebben hier in de jaren 1905–1908 hun best gedaan om een paradijs van kleuren en vormen te creëren. Het muziekpaleis vertegenwoordigt een hoogtepunt van de Catalaanse *renaixença,* het in de 19de eeuw weer opbloeiende zelfbewustzijn van de Catalanen. In de laatste jaren van de Francodictatuur vonden hier de veel bejubelde muzikale manifesten van de protestsongbeweging 'Nova Cançó' plaats. Het Palau is vandaag de dag nog altijd in handen van het Orfeó Català, het Catalaanse nationale koor, dat in 1891 werd opgericht door Lluís Millet en Amadeu Vives. Het was ook dit koor dat de opdracht gaf tot de bouw van het muziekpaleis.

Bewonderende blikken

Het is al een genot om buiten langs de façade te lopen: aan de kant van de straat Sant Pere més Alt staan de bustes van Bach, Beethoven en Wagner op de met mozaïeken bezaaide zuilen. De glas-in-loodvensters, enigszins beschut door de galerij, vormen een sprookjesachtig geheel. Boven alles troont het mozaïek van de muze. Ze schrijdt als een dame voor een koor uit en symboliseert – met de spinstok en de klos – het textielgebied Catalonië. Deze afbeelding komt uit het atelier van de mozaïekkunstenaar Lluís Bru, die ook de zuilen bij de hoofdingang verfraaide.

Dankzij diverse uitbreidingen en restauraties beschikt het paleis nu over meer ruimte en een modernere inrichting en techniek.

De vestibule en de opgang naar de grote zaal zijn als het ware een 'prelude' voor de bezoekers, die zich als koningen moeten voelen: grote kandelaars flankeren de trap, de hal doet met haar eenvoudige constructie elegant en royaal aan. Na de 'prelude' werkt de blik in de grote concertzaal als een 'koraal voor het oog': een zee van lampen in blauw en roze; allerlei sculpturen, van Wagners walkuren en pegasusmotieven tot de van de wand loskomende muzen aan de rand van de podiumboog – het is een ware sprookjestuin. Als u hier een concert meemaakt, is het niet alleen de muziek die meeslepend is.

Informatie

Palau de la Música Catalana: ingang/kassa Carrer Palau de la Música 4–6, tel. rondl. 902 47 54 85, tel. concerten 902 44 28 82, bestellingen ma–za 10–21 uur, www.palaumusica.org, Engelse rondl.: dag. 10–15 uur elk uur, in aug. en de Goede Week tot 17 uur.

Voor of na de bezichtiging

Naar de idyllische **Plaça Sant Agustí Vell** 2 is het maar een paar minuten lopen door de wijk Sant Pere. Het decor doet in zijn dromerigheid denken aan de locaties van jaren vijftigfilms. Daarbij past **Bar Mundial** 1 (nr. 1, wo–za 13–16, 21–23, zo 13–16, di 21–23 uur, hoofdgerechten vanaf ca. € 15). Niemand kan het echt storen dat de heerlijke mariscogerechten van gebutst porselein gegeten moeten worden. Even sfeervol is een wandeling door de naburige hal van de **Mercat de Santa Caterina** 1 (Pl. Santa Caterina, www.mercatsantacaterina.net, ma 7.30–14, di, wo 7.30–15.30, do, vr 7.30–20.30, za 7.30–15.30 uur). Onder het kleurrijke mozaïekdak bevindt zich naast de vele kramen ook een populair marktrestaurant.

Iets voor amateurarcheologen

Bovendien kunt u in de markthal ook nog archeologische vondsten bekijken uit het 13de-eeuwse dominicanenklooster. Deze zijn blootgelegd bij de bouwwerkzaamheden voor de nieuwe markt.

Een glas cava

Een concertavond in het Palau de la Música kunt u romantisch afronden met een glas cava in **Pla de la Garsa** 2 (Assaonadors 13, dag. 20–1 uur), een paar stegen verder in de richting van de haven.

In de voetsporen van Picasso

Een populair alternatief daarvoor is het eveneens dicht bij het muziekpaleis gelegen Picassocafé **Els Quatre Gats** 1 aan de overkant van de Via Laietana (Montsió 3, www.4gats.com, dag. 10–2 uur). Waar de jonge Picasso de menukaart ontwierp en na twee tentoonstellingen in dit kunstenaarscafé werd opgenomen in de kring van gerenommeerde schilders, verzamelt zich tegenwoordig laat in de avond een cultureel ingesteld publiek. Overdag heeft dit adres meer de status van een bezienswaardigheid, wat blijkt uit de vele fotocamera's die hier zijn blijven liggen.

Middernachtcocktail

De derde keuze voor een afzakkertje na het concert biedt een late wandeling door de wijk Born. Van het muziekpaleis naar de Passeig del Born is het iets minder dan een kwartier lopen. Daar en in de zijstegen vindt u vele mogelijkheden voor een middernachtelijke cocktail of een heerlijk glas wijn in een sfeer van echte liefhebbers.

De overstelpende decoratie van het muziekpaleis is een 'koraal voor het oog'

Kaart: ▶ F/G 3
Vervoer: Metrohalte: Diagonal

Naar het schijnt zijn er meer dan 35.000 winkels in Barcelona. De chicste daarvan zitten aan de Passeig de Gràcia en aan de parallelstraat Ramblas de Catalunya. Pakken voor € 2000 en een leren jack voor € 4000 zijn hier geen uitzondering. Er zijn echter ook mooie dingen te zien die betaalbaar zijn. Als u gaat winkelen, dan mag u het designwarenhuis Vinçon zeker niet overslaan.

Vlak naast Gaudí's beroemde **Casa Milà** 1 (zie blz. 63) staat **Vinçon,** 1 dat hier in 1941 opening als een cadeauwinkel en een hele rij pluspunten heeft. De beide verkoopetages van het modernistische gebouw zijn royaal en opwindend opgezet. Het assortiment van interieurdecoratie, lampen, mooie dingen voor het dagelijks leven en accessoires verleidt met meer dan 7000 artikelen tot gretig rondsnuffelen. De bijbehorende grafische galerie verwijst naar het karakter van winkel en kunstzaak. En bovendien is de service even hulpvaardig als niet-opdringerig, wat het prettig maakt om in alle rust en zonder enige koopdwang over de twee grote etages te slenteren.

Verbonden met art nouveau

Het in 1899 door de modernisme-architect Antoni Rovito i Rabassa ontworpen gebouw behoorde eerst aan de schilder Ramón Casas, wiens mooiste werken tegenwoordig tentoongesteld zijn in het Museu Nacional d'Art de Catalunya (zie blz. 79). De medeoprichter van het tegenwoordig nog bestaande kunstenaarscafé Els Quatre Gats (zie blz. 107) was met zijn werken de voorafschaduwing van het latere karakter van het kunst- en designhuis Vinçon. Evenals de hier met hun producten vertegenwoordigde kunsten designsterren van de jaren negentig, onttrok Casas zich aan de strakke scheiding tussen kunst en kunstnijverheid. Hij vervaardigde kunsthistorisch belangrijke werken maar produceerde evengoed gebruiksgrafiek. Het waren dan ook de door Javier Mariscal en Oscar Tusquets vormgegeven producten die de naam Vinçon in de periode voor en na de Olympische Spelen van 1992 in de internationale woontijdschriften lieten doordringen. Op de eerste bovenverdieping van het huis is door de oorspronkelijke plafonds en de originele lambriseringen nog veel van de sfeer van Casas' atelier bewaard gebleven. Vanuit deze etage kunt u ook op een mooie combinatie van patio en terras komen, die aan de achterkant grenst aan het Casa Milà.

Informatie

Vinçon: Pg. de Gràcia 96, tel. 932 15 60 50, www.vincon.com, ma–za 10–20.30 uur.

Verder slenteren

Natuurlijk kunt u niet zomaar voorbijgaan aan de beroemde buurman van Vinçon, het **Casa Milà**. De bezichting ervan verdient echter meer tijd dan een bliksembezoek tijdens het winkelen (zie blz. 63). Als u in de stijl van de Passeig de Gràcia en het modernisme koffiepauze wilt houden, wacht boven de boulevard het **Café Vienés** **1**. Deze kostelijke lunchroom behoort tot het deftige hotel Casa Fuster (nr. 132, dag. 9–3 uur), een prachtig gebouw van Domènech i Montaner. Ook de moeite loont een blik in het nabije **Tragaluz** **2**. Dit restaurant schreef met zijn interieur designhistorie. In de middag kunt u op de begane grond genieten van een snack, maar 's avonds is de bovenetage iets bijzonders. Ze kan 's zomers door het glazen schuifdak in een terras veranderd worden (Ptge. de la Concepció, 5, tel. 934 87 06 21, www.grupo tragaluz.com, dag. 13.30–16, 20.30–24 uur, hoofdgerechten vanaf € 20 , lichte mediterrane keuken). Als u richting Plaça de Catalunya gaat ligt aan de Passeig het antiekwinkelcentrum **Bulevard dels Antiquaris** **2** , ook een shoppingadres van klasse. In de meer dan 70 afzonderlijke antiekzaken onder één dak overziet u 100 tot 200 jaar interieurdecoratie (nr. 55–57, www.bulevard delsantiquaris.com, ma–vr 10–20.30, za 10–15 uur). Bij de buren vindt u een Spaans modemerk dat in recente jaren internationaal succes heeft met zijn eigenzinnige motieven en kleurcombinaties: **Desigual** **3** (nr. 47, www. desigual.com, ma–za 10–21 uur, andere vestigingen: Arcs 9, Ferran 51, Ramblas 136, Triangle).

11 Steengroeve en stadspaleis – Casa Milà

Kaart: ▶ F/G 3
Vervoer: Metrohalte: Diagonal

Het Casa Milà (ook bekend als La Pedrera) behoort sinds 1984 tot het UNESCO-werelderfgoed en is een van de spectaculairste bouwwerken van Gaudí. Het gebouw wordt onderhouden door de Caixa-stichting en herbergt ook een documentatiecentrum. Aan de hand van vele maquettes en bouwtekeningen krijgt u er een beeld van het werk van de grote architecten van het modernisme.

U ziet het al aan de lange wachtrij op straat: het Casa Milà **1** is het pronkstuk van het modernisme aan de Passeig de Gràcia. Het was het laatste grote privéhuis dat Gaudí bouwde, van 1906 tot 1910, voordat hij zich helemaal richtte op de kerk Sagrada Família. Met de ritmisch golvende kalksteenfaçade viel het gebouw absoluut uit de toon en oogstte daarom in de bouwtijd weinig applaus.

Het kreeg de bijnaam 'La Pedrera' ('steengroeve'), die het tot vandaag de dag heeft behouden, zij het zonder negatieve ondertoon. 'Een rechte boom, hij heeft takken en deze weer twijgen en die de bladeren. En elk afzonderlijk onderdeel groeit harmonisch, geweldig, sinds God de kunstenaar hem geschapen heeft. Deze boom heeft geen hulp van buiten nodig. Alle dingen in de boom zijn uitgebalanceerd. Alle dingen zijn in evenwicht'.

Een met de natuur verbonden bouwwijze

Met deze woorden getuigde Antoni Gaudí (1852–1926) van zijn in de natuur gewortelde verhouding tot het bouwen. Paraboolbogen, paddenstoelvormige kapitelen, hangende gewelven en 'ingesloten' zuilen zijn daarvan in het Casa Milà de architectonische getuigenis. Het gebouw heeft geen dragende muren, het hele gewicht rust op

de zuilen en balken. De drie binnenplaatsen zijn ook typisch voor Gaudí's
op de natuur geïnspireerde bouwwij-
ze. De deftige kamers waren gericht
op de straat, de huishoudelijke ruimtes
en dienstbodenkamers op de binnenplaatsen.

Levendig Gaudí-centrum

De op vele culturele terreinen actieve
Fundació Caixa de Catalunya heeft ook
de zorg voor La Pedrera op zich genomen en het huis in recente jaren veranderd in een levendig Gaudí-centrum.
Zo werd het op de vierde etage gelegen Pis de la Pedrera met veel inzet
vormgegeven. Het toont een volledig
contemporain ingericht woonhuis van
de hogere burgerij in de vroege 20ste

eeuw. Talrijke elementen van de binnenhuisarchitectuur van Gaudí bleven
in de woning behouden. De zolder,
met de Espai Gaudí, is ingericht als een
permanente tentoonstelling over het
leven en werk van Gaudí.

Geestelijke vader van Dalí

Bij de rondleiding op het dak kunt u
aan de bizar gevormde luchtkokers en
schoorstenen zien dat Gaudí als het
ware een geestelijk vader van Salvador
Dalí is geweest.
Verder zijn er in het gebouw een grote
ruimte voor wisselende tentoonstellingen opgenomen, alsmede een gehoorzaal waar geregeld concerten plaatsvinden (klassieke muziek en jazz).

● ●

Informatie

Casa Milà: Pg. de Gràcia 92, Info-tel.
902 40 09 73, kaartenvoorverkoop tel.
902 10 12 12, www.fundaciocaixacata-
lunya.org (op de startpagina de
menukeuze 'cultuur', dan optie 'La
Pedrera'). Bezichtiging van huis en dak
nov.–feb. dag. 9–18.30, maart–okt.
dag. 10–20 uur, 25 dec., 1 en 6 jan. gesl.,
€ 11 (met korting € 7); kaarten zijn ook

via de website te bestellen.
De visuele indrukken die u opdoet bij
een bezoek aan het huis zijn op zich al
imposant. Het gebruik van de
audiogids (in meerdere talen) is echter
aan te raden, want daarmee hoort u
veel interessante dingen over de
werkwijze van Gaudí.

Een jonge expositieruimte

Slechts een paar passen verder
introduceert de **Fundació Suñol** ②
meer dan 1200 werken van de meest
representatieve contemporaine
kunstenaars van Spanje, van de jaren
zestig tot de dag van vandaag
(Pg. de Gràcia 98, tel. 934 96 10 32,
www.fundaciosunol.org, ma–za
16–20 uur, € 5, met korting € 3).

⑫ 'De onvoltooide' – Sagrada Família

Kaart: ▶ J 3
Vervoer: Metrohalte: Sagrada Família

De Sagrada Família ontvangt jaarlijks meer dan 2 miljoen bezoekers. 'De onvoltooide' van Gaudí, in 2005 opgenomen op de lijst van het UNESCO-werelderfgoed, is voor de hoofdstad van het modernisme al heel lang een soort waarmerk.

Terwijl in Barcelona felle debatten gehouden worden over de diverse architectuurstijlen die in de loop van de lange bouwtijd zijn binnengeslopen in de Sagrada Família 🔲 en terwijl het nog de vraag is of de kerk definitief in gebruik zal kunnen worden genomen bij de honderdste sterfdag van Gaudí in 2026, heerst er in en rond het bedehuis voortdurend bedrijvigheid. Naast het monument zelf domineren bouwkranen, planners, metselaars, ontelbare toeristen en een navenant aantal mensen van de ordedienst het beeld. Vanaf 10 uur in de ochtend komt dit tafereel op gang, vanaf 16 uur wordt het langzaam weer rustiger. Wie de spitsuren kan mijden, heeft groot gelijk als hij dat doet.

Het werk van Gaudí

De voltooiing van het in 1882 begonnen werk gaat uit van de plannen van Gaudí, die weliswaar vernietigd werden in de Spaanse Burgeroorlog, maar in grote trekken bekend waren. Het werk dat onder leiding van Gaudí tot stand gekomen is, is echter beperkt tot de oostfaçade (Christus' geboorte), die een goed uitgangspunt is voor de bezichtiging.

Als 31 jaar oude architect en een belijdend katholiek nam Gaudí in 1883 de opdracht aan van een groep van weldoeners, om de bouw voort te zetten van een votiefkerk, waaraan men een jaar eerder in het vrije veld begonnen was. Ze moest overeenkomstig de wil van de opdrachtgevers alleen met do-

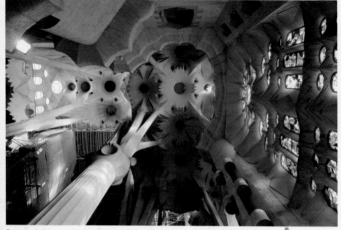

Een van de hoogtepunten in het werk van Antoni Gaudí is de Sagrada Família

naties tot stand komen, wat de voortgang van de bouw tot de dag van vandaag hindert. Gaudí nam het werk met enige aarzeling op zich en zwelgde tussen 1900 en 1914 bij de bouw van het Casa Milà en de aanleg van het Parque Güell voor het laatst in kleuren en vormen.

Toen in 1914 zijn naaste medewerker en vriend Francesc Berenguer i Mestres stierf, besloot Gaudí zich volledig te wijden aan de Sagrada Família. De bouwkeet van de kerk was voortaan zijn thuis. Op 7 juni 1926 werd Gaudí bij zijn dagelijkse wandeling van de bouw naar de kerk Sant Felip Neri geschept door een tram op de Gran Via. Drie dagen later overleed hij in het Hospital de la Santa Creu en werd hij bijgezet in de crypte van de Sagrada Família. Vooralsnog betekende zijn dood een abrupt eind van het werk. Van de vier façaden die het leven van Christus' leven moesten weergeven in beelden, was slechts de oostfaçade (Christus' geboorte) voltooid. De Burgeroorlog en de Tweede Wereldoorlog dwongen tot 1952 tot een bouwstop.

Voortgang van de bouw

Naar de plannen van Gaudí moet de Sagrada Família na haar voltooing achttien torens hebben. Twaalf daarvan symboliseren de apostelen, vier de evangelisten, en de twee laatste Maria en Jezus. De verschillende hoogtes van de torens kwam voor hem overeen met een symbolische hiërarchie. De torens van de westfaçade (façade van het lijden en de dood van Christus) werden in 1976 opgericht. Sinds de jaren tachtig kan het werk door de aanzienlijke opbrengsten van het toerisme versneld worden. Na de voltooiing van de gewelfbogen van het hoofdschip gaat het werk verder aan de vier gedeeltes van de apsis. Tot dusverre zijn aan de beide voltooide façades bij elk vier aposteltorens gebouwd. Twee torens hebben een lift die naar een panoramaplatform gaat. De voltooiing en de bouw van tien andere torens moet nog gebeuren. Een ondertussen opgericht woud van zuilen draagt sinds 2010 het dak van het hoofdschip, wat een afgesloten ruimte creëerde voor de mis, met plaats voor duizenden gelovigen.

Stilleggen van de bouw?

De zeer uiteenlopende vormgeving van de beide façades die inmiddels voltooid zijn leidt tot aanhoudende discussies: terwijl de door Gaudí ontworpen façade met de Geboorte van Christus vloeiende, weke en organische formen heeft, vertolkt de naar de stad toe gekeerde westelijke façade met haar scherp gesneden, hoekige voorstellingen van het Lijden van Christus een formeel, contrasterend programma. Het werd gecreëerd door de Catalaanse beeldhouwer Josep Maria Subirachs in de jaren tachtig. De toepassing van zeer verschillende architectonische stijlen is ook te zien bij andere onderdelen van het complex. Hierdoor voelen de critici zich er steeds weer toe geroepen om een mening van Salvador Dalí te citeren, die zich heeft uitgesproken voor het stilleggen van de bouw en voor het inwijden van een 'onvoltooide Sagrada Família'.

Informatie

Sagrada Família: Mallorca 401, tel. 932 08 04 14, www.sagradafamilia.org, maart–sept. 9–20, okt.–feb. 9–18 uur, 25, 26 dec., 1, 6 jan. 9–14 uur, € 12 (met korting € 10), kinderen tot 12 jaar gratis. Er zijn altijd lange rijen, dus is het beter om kaarten te bestellen via de aangegeven website of via www.teleentrada.com (tel. 902 10 12 12).

Een ander hoogtepunt van het modernisme

Via de diagonaal aangelegde Avinguda de Gaudí is het nauwelijks tien minuten lopen naar het **Hospital Sant Pau** . Het door de modernistische architect Domenech i Montaner gecreëerde complex met twaalf uitbundig vormgegeven art-nouveaugebouwen behoort sinds 1997 tot het UNESCO-werelderfgoed. Het maakt nu een grote verandering door. In 2009 werden op het terrein nieuwe, enigszins op afstand gelegen klinieken in gebruik genomen. De vrijgekomen modernistische gebouwen moeten vanaf 2015 gaan dienen als cultureel expositie- en evenementencentrum (drie paviljoens) en als interdisciplinair centrum voor de ontwikkeling van de mediterrane landen (negen paviljoens) (Sant Antoni Maria Claret 167, tel. 933 17 76 52, www.santpau.es en www.rutadelmodernisme.com; gedurende de verbouwing en renovering alleen met rondleidingen te bezoeken: dag. 10, 11, 12 en 13 uur in het Engels, behalve 25, 26 dec. en 1, 6 jan., € 12).

Honger?

Voor een saladebuffet kunt u naast de Sagrada Família terecht bij **Lactuca** ① (Provença 427, tel. 933 17 09 07, www.lactuca.com, dag. 12.30–24 uur, hoofdgerechten incl. een drankje € 10). Het uitgesproken goedkope 'fitness-restaurant' heeft nog meer filialen in Barcelona, onder meer aan de Rambla Catalunya 8 en de Ronda Sant Pere 17.

⑬ Mira Miró – op de Montjuïc

Kaart: ▶ A–D 5–8
Vervoer: Metrohalte: Paral·lel

De prachtige ligging op de naar de stad gerichte hellingen van de Montjuïc, de bijzondere architectuur en de grote collectie werken zijn slechts enkele redenen voor de vooraanstaande positie die de Fundació Miró in de rangorde van musea in Barcelona inneemt.

De wereldtentoonstellingspaleizen uit het jaar 1929 zijn tamelijk pompeus. De in 1975 geopende **Fundació Joan Miró** 1, een bouwwerk van Josep Lluís Sert, is anders: het maakt indruk door soberheid, een vederlichte verdeling

> **Overigens:** een geliefde concertserie van de stichting heet **Noches de música** (juli do 20.30 uur, Auditorium). Na de concerten – vaak is er jazz – kunt u op het mooie tuinterras van de Patio Norte nog iets drinken, wat is inbegrepen bij de entreeprijs (€ 10).

van de ruimte en een geslaagde symbiose van binnen en buiten. Meer dan 14.000 werken van Miró, waaronder schilderijen, sculpturen, grafisch werk, wandtapijten, keramiek en lithografieën worden hier op imposante wijze gepresenteerd. Naast de belangrijke werken uit zijn oeuvre toont de door de kunstenaar opgerichte stichting ook regelmatig tentoonstellingen van hedendaagse kunst.

Miró, de tovenaar

Tijdens een bezoek aan de met licht overgoten ruimtes en aan de tentoonstellingsterrassen leert u Miró kennen als de jongleur, de marionettenspeler en tovenaar die dol is op formele ongerijmdheden, die irritatie oproept door zijn breuken en sprongen, en die betovert door het speels met elkaar verbinden van details. Met haast onzichtbare assen, snoeren en andere verbindingsdraden slaagt hij er steeds in om zijn vormencircus te voorzien van een innerlijke balans en stevigheid.

In het museum kunt u op het dakterras en in de cafetaria heerlijk ontspannen. Elders kunt u zich vergapen aan Miró als surrealistisch geïnspireerde objecten-arrangeur en materiaalveranderaar. Hij laat grappige en verbazingwekkend veelzijdige assemblages ontstaan uit strandvondsten, schroot, planten, vruchten en huishoudelijk afval. Zoals Gaudí, die zijn keramiekscherven steeds tot organisch-gebogen totale vormen aaneenvoegde, had Miró ook veel gevoel voor het puzzelen, dat tot een haast 'natuurlijke' allesomvattendheid en kleurige, uitbundige bestaansvreugde samengroeit. Het werk van Miró wordt vaak te kort gedaan door kwalitatief slechte reproducties, maar hier, als u oog in oog staat met de originelen, fascineert het op een heerlijke manier. Differentiaties, verbeteringen, krassen, schrammen en complexe kleurstructuren, de poreusheid van scheurpapier en de textuur van jute worden tastbaar. Miró (geboren 1893 in Barcelona en gestorven 1983 in Palma de Mallorca) had het geluk dat hij – net als Picasso – kon terugzien op een rijke creatieve oogst na een lang werkzaam leven.

Informatie

Fundació Joan Miró: Pl. Neptú s/n, tel. 934 43 94 70, www.fundaciomiro-bcn.org, juli–sept. di–za 10–20, okt.–juni 10–19, zo 10–14.30, do 10–21.30 uur, € 8,50 (met korting € 6), speciale exposities extra.
U bereikt het museum gemakkelijk met de kabelbaan **Funicular de Montjuïc** 1 (benedenstation naast het metrostation Paral·lel, uitstappen Estació Parc Montjuïc, lijn 1 blauw, tijden en prijs zie blz. 27).

Bezienswaardig om de hoek

Het is niet ver naar het naburige **Estadi Olímpic** 2 (Av. de l'Estadi s/n, tel. 934 26 20 89, www.agendabcn.com, april–sept. dag. 10–20, okt.–maart dag. 10–18 uur, entree gratis). Deze imposante arena dateert uit het jaar 1929, zoals de façade van Pere Domènech (zoon van de beroemde art-nouveau-architect Domènech i Montaner) laat zien. Voor de Olympische Zomerspelen van 1992 werd het weidse ovaal opnieuw ontworpen en uitgebreid tot een capaciteit van 55.000 toeschouwers (bij concerten 70.000). Niet richting het stadion, maar de tegenovergestelde kant op, brengt de Avinguda Miramar u binnen enkele meters naar het aanbevelenswaardige restaurant **Montjuïc – El Xalet** 1 (nr. 31, tel. 933 24 92 70, www.gruptravi.com, dag. 13–24 uur, mediterraan-Catalaanse keuken, schotels vanaf € 16). Erg mooi zijn de plaatsen op het terras met uitzicht op de binnenstad. Onze tip: bekijk het als u erlangs komt en reserveer voor 's avonds als het u bevalt.

Weelderige kleuren: sculpturen van Miró

14 De schone schijn van scherven – Park Güell (Parque Güell)

Kaart: ▶ Kaart 4
Vervoer: Metrohalte: Lesseps of Vallcarca

Het behoorde bij de werkwijze van de fameuze modernistische architect Antoni Gaudí om voor het oppervlak van façades, trappen, gewelven, parkbanken en sculpturen de afvalscherven van glazen, flessen, vaatwerk en aardewerk te gebruiken. Welke schoonheid er te maken is met deze vroege 'recycling-kunst', wordt duidelijk in het hoog boven de stad gelegen, uitgestrekte Park Güell.

Eerst even dit: wie het Park Güell wil bezoeken met de metro, moet zich instellen op een behoorlijk steile klim vanaf het metrostation (een in de openlucht aangelegde roltrap doet het namelijk niet altijd). Bij hoogzomerse temperaturen zijn de alternatieven de stadsbussen, de Bus Turístic of de in Barcelona altijd nog betaalbare taxi's. Als u er eenmaal bent aangekomen, dan kent uw verbazing waarschijn-lijk geen grenzen. Dit grote stadsbalkon verplaatst u naar een verhaal uit 'Duizend-en-één-nacht'.

Naar Engels voorbeeld

Het park is tussen 1900 en 1914 door Gaudí aangelegd. Op de keramiekme-daillons aan de grensmuur van het 17 ha grote terrein staat een eerste aan-wijzing over de ontstaansreden er-van. Het om één enkele letter: de 'k' in het opschrift 'Park Güell'. De Engelse schrijfwijze verraadt dat de bouwheer Eusebi Güell met het park Engelse voorbeelden naar de kroon wilde ste-ken. Het moest een park- en tuindorp zijn met 60 woonpercelen, een grote markt en een centraal forumplein. Wat Gaudí en zijn helpers ervan maakten was weliswaar geen tuindorp, maar het werd wel werelderfgoed: de Unesco heeft het namelijk in 1984 op wereld-monumentenlijst gezet. De 60 stukken grond vonden geen koper, de enige huizen die er in het park gekomen zijn waren een portiershuis en een administratiegebouw bij de hoofdingang, alsmede het door Gaudí's medewerker Francesc Berenguer gebouwde woonhuis, waarin Gaudí van 1906 tot zijn dood in 1926 leefde. Sinds 1963 is het ingericht als **Casa Museu Gaudí** 1.

Een woud van zuilen

Direct achter de hoofdpoort van het park hebt u de gelegenheid om in het 'Portiershuis' uitgebreide informatie te krijgen over het concept en de ontwikkeling van het park. Het is ingericht als het **Centro de Interpretación del Park Güell** 2. Vervolgens komt u bij een symmetrisch opgedeelde trap omhoog, die naar het Forumplein gaat. De kleine bonte python, die de opgang opsiert als een fontein, heeft Antoni Gaudí heel toepasselijk ontleend aan de sagenwereld. Als 'wachter van het onderaardse water' beschut hij zijn cisterne, waarin 12.000 liter regenwater kan worden verzameld. Het grote plein, waar de trap naartoe gaat, was gepland als een ontmoetingsplaats en een theaterplein. De weids gebogen mozaïekbank, die het grote terrassenplein omgeeft, hebben Gaudí en zijn medewerker Josep Maria Jujol vervaardigd uit afval en afgedankt materiaal van pottenbakkerijen. Om een zo comfortabel mogelijke zitplaats te krijgen, zou een arbeider zijn gaan zitten op een nog natte gipsvorm en daarmee de basisafdruk geleverd hebben. Het plein wordt gedragen door een woud van 86 Dorische zuilen, dat bedoeld was als markthal. De zogeheten **Hal van de 100 zuilen** 3 is ook erg indrukwekkend zonder marktkramen, vooral dankzij de vormgeving van het dak. Jujol heeft uit zaken die anderen weggegooid hadden kleine kunstwerken gemaakt. In de dakmedaillons heeft hij gebroken borden, porseleinen poppen, flessen en cava-glazen, asbakken en bloemenvazen samengevoegd tot collages met een fascinerend kleurenspel.

Erg indrukwekkend zijn ook de wandelpaden die Gaudí de vorm heeft gegeven van bijna natuurlijke arcaden. Op bomen gelijkende, dwars geplaatste steunen dragen daarbij het dak van de arcaden.

Informatie

Park en Informatiecentrum: Olot s/n, tel. 932 130 488, www.bcn.cat/parcsijardins, alternatieven voor metro: bus 24, 25 en Bus Turístic, dag. van 10 uur tot zonsondergang, entree gratis.
Casa Museu Gaudí: tel. 932 19 38 11, www.casamuseugaudi.org, okt.–maart dag. 10–18, april–sept. dag. 10–20 uur, 25, 26 dec., 6. jan. 10–14 uur, 1 jan. gesl., € 5,50 (met korting € 4,50).

Een versnapering tussendoor

Bij de hoofdingang van het park kunt u koffie en snacks kopen voor tussendoor of voor de terugweg.

⑮ Voetbaltempel – Camp Nou

Kaart: ▶ A1
Vervoer: Metrohalte: Palau Reial of Collblanc

FC Barcelona: 'Més que un club!' Deze leuze is bij geen enkele vereniging ter wereld zo op zijn plaats als bij Barça. Het 'Meer als een club' betekent onder andere: spektakel, bindende schakel van alle Catalanen en alle generaties, big business, trots en de identiteitszuil van een stad. Dit alles wordt belichaamd door het stadion Camp Nou.

De grootste Europese voetbalarena heeft een capaciteit van bijna 100.000

> **Overigens:** ook bij uitverkochte wedstrijden zijn er door geretourneerde tickets nog plaatsen. In de krant staan de verkooppunten in de binnenstad vermeld (bijv. FNAC aan de Plaça de Catalunya), waar teruggegeven kaarten gekocht kunnen worden.

toeschouwers en is ook bij de minder belangrijke wedstrijden meestal uitverkocht. Het stadion behoort als een in 1957 ingewijd bouwwerk niet bepaald tot de allermodernste in zijn soort, maar is wel een van de meest sfeervolle voetbalarena's die een voetbalfan zich kan voorstellen. FC Barcelona kan als een van de meest succesvolle voetbalclubs worden beschouwd, en dat is geen momentopname: Spaans kampioen, meervoudig Europacupwinnaar, Europese bekerwinnaar en de club wordt zelfs nauwlettend gevolgd door de Romeinse Curie, die ook pausen heeft ingeschreven als clubleden van FC Barcelona.

Dat alles weten de Catalanen natuurlijk ook en de toeschouwers lopen in **Camp Nou** 🔢 ook al voor de wedstrijden met de borst vooruit. Anders dan in te veel andere Europese voetbalstadions spelen alcohol en hooligans bij de massaal bezochte thuiswedstrijden hoegenaamd geen rol. Vaak zijn het hele gezinnen die zondagavond naar de wedstrijd komen om van de kunststukjes van Messi, Xavi of Piqué te genieten.

Ook op voetballoze dagen een belevenis

Dat voetbal niet alleen maar iets is wat gespeeld wordt met 22 spelers en een bal op een grasveld, is bij Nou Camp ook rond het stadion te zien. Op het grote terrein bevinden zich het eigen **museum**  van de vereniging, een kunstijsbaan, nog meer sporthallen, een catastrofaal slecht gastronomisch aanbod en de **FC Botiga** , een reusachtige supporterswinkel, waar bij de meeste vaders het klamme zweet uitbreekt als ze voor de inkopen van hun zonen de creditcard trekken. Op het clubterrein is het dus niet alleen druk als er juist een voetbalwedstrijd plaatsvindt.

Het museum van FC Barcelona is sinds 1984 onder de hoofdtribune van Nou Camp ondergebracht en presenteert bekers, foto's en video's met de mooiste doelpunten van de in 1899 door de Zwitser Hans Gamper opgerichte vereniging.

• •

Een bezoek aan het stadion

Museum del Futbol Club Barcelona: Arístides Maillol, s/n, tel. 934 96 36 00, www.fcbarcelona.com. Het museum is alleen te bezoeken in het kader van de **Tour Camp Nou Experience**. De Tour omvat naast museumbezoek ook de rondgang door stadion en catacomben, inclusief kleedkamers, persruimtes, kapel, multimediacentrum en gebruik van een audiogids. Rondleiding: 29 maart–3 okt. ma–za 10–20, zo 10–14.30 uur (bij thuiswedstrijden dus alleen museumbezoek). Van 4 okt. tot 28 maart geen rondleiding. Het museum is deze maanden ma–za 10–18.30, zo 10–14.30 uur open. 1 en 6 jan., 25 dec. geheel gesloten; tour incl. museum € 19 (met korting € 15,50; de prijs is hetzelfde als alleen het museum open is).

Voor de fans

FC Botiga: op het stadionterrein bij de ticketverkoop, ma–za 10–20.30, zo 10–14.30 uur. In deze grote winkel is er naast de gebruikelijke supporterszaken (shirts, sjaals, ballen, trainingspakken e.d.) alles waar je de verenigings-kleuren op kunt aanbrengen: pennen, handdoeken, beddengoed, ondergoed enzovoort.

Voor het gehemelte

De kwaliteit van de fastfoodzaken bij Nou Camp is pover. Ga bijvoorbeeld liever naar het nabijgelegen restaurant **Lombardo II**  (Travessera Corts 64–68, tel. 932 18 30 00, www. lombardorestaurant.com, dag. 13–24 uur, hoofdgerechten vanaf € 16, mediterrane kwaliteitskeuken).

Historische gebouwen

Casa Amatller ▶ F 3/4

Pg. de Gràcia 41, Eixample, tel. 934 87 72 17, www.amatller.org, metro: Pg. de Gràcia. Bezichtiging op dit moment alleen na tel. afspraak, € 10

Het in 1898–1900 door Josep Puig i Cadafalch, vertegenwoordiger van het neogotische modernisme, gebouwde huis behoort tot de 'Hoek der Tweedracht'. Op deze *manzana de la discordia* strijden het naburige Casa Batlló (zie hieronder) van Gaudí en het Casa Lleó Morera van Lluís Domènech i Montaner (zie hieronder) sinds het begin van de 20ste eeuw om de aandacht van de bezoeker. Casa Amatller wordt tot 2012 gerestaureerd, bezichtiging dus alleen na telefonische afspraak.

Casa Batlló ▶ F 3

Pg. de Gràcia 43, Eixample, tel. 932 16 03 06, www.casabatllo.es, metro: Pg. de Gràcia, dag. 9–20, do, vr ook 21–24 uur, 1 jan., 25 dec. gesl., overdag € 17,80, 's avonds € 25, bij onlinebestelling 10 procent korting

Het stadspaleis van textielfabrikant Josep Batlló i Casanova werd in de jaren 1905–1907 door Gaudí gebouwd. De spelonkachtig aandoende façade heeft als centraal motief de allegorie van de drakendoder St-Joris. Te bezichtigen zijn de woonkamers van de familie Batlló, het dakterras en de binnenplaats. Een audiogids in meerdere talen is bij de (hoge) toegangsprijs inbegrepen.

Casa Lleó Morera ▶ F 4

Pg. de Gràcia 35, Eixample, metro: Pg. de Gràcia, interieur niet toegankelijk

Het pompeus vormgegeven hoekhuis dankt zijn pracht en praal aan een verbouwing in het jaar 1905. De grote modernistische architect Lluís Domènech i Montaner kreeg daarvoor de opracht van de familie Lleó Morera.

Castell de Montjuïc ▶ B/C 7 ✳

Carretera de Montjuïc 66, Montjuïc, tel. 932 56 44 45, www.bcn. cat/castelldemontjuic/en/welcome. html, metro: Paral·lel, vandaar Téléfèric de Montjuïc, dan met de kabelbaan, okt.–maart dag. 9–19, april–sept. dag. 9–21 uur, entree gratis

Dit vroeger angstaanjagende oord met zijn militaire gevangenis en executieplaatsen wordt sinds 2009 ingrijpend verbouwd. Het hier gevestigde militaire museum gaat dicht. Gepland is het inrichten van een internationaal vredescentrum, een 'gedenkplaats' met exposities over de historie van het Castell en een Montjuïc-informatiecentrum over alles wat de stadsberg te bieden heeft aan botanica, faciliteiten en evenementen. Tijdens de verbouwing (tot 2014) is het complex te bezichtigen.

Catedral de Barcelona ✳ ▶ Kaart 2, C 2/3

Pla de le Seu s/n, Barri Gòtic, tel. 933 42 82 60, www.catedralbcn.org, metro: Jaume I, bezoek tijdens de mis ma–za 9, 10, 11, 12, 19,

**zo 9, 10.30, 12, 13, 18, 19 uur
(buiten de tijden van de mis is ook
bezichtiging mogelijk, € 5)**

Het hart van de Barri Gòtic wordt door
de Catalanen 'La Seu' genoemd, oftewel 'bisschopszetel'. De belangrijkste bouwperiode, op resten van een
vroegchristelijke kerk, waren de jaren
1298–1430. De kathedraal kreeg toen
haar gotische schip. De façade met
het machtige hoofdportaal kwam pas
in 1890 gereed. Het koor ligt midden
in het hoofdschip, een Spaans detail
dat erop wijst dat de kerken niet alleen voor de mis gebruikt werden. De
wereldlijke heersers gebruikten ze ook
graag als een vergaderplaats.

Font Màgica ▶ B 5

**Pl. Carles Buïgas, Montjuïc, metro: Pl.
Espanya, herfst, winter vr, za 19–21,
lente, zomer do, zo 21–23.30 uur**

De bij de Wereldtentoonstelling van
1929 opgerichte fontein aan de voet
van de Montjuïc is een van de symbolen van Barcelona. De tijden waarop de
fonteinen met een lichtspel van meer
dan vijftig kleuren spuiten, veranderen
voortdurend. Wie dit schouwspel, dat
vooral kinderen imponeert, bezoeken
wil, moet bij het toeristenbureau naar
de tijden informeren.

Fòrum ▶ Kaart 3

**Rambla Prim 2–4, Sant Martí, www.
bcn.cat/parcdelforum, metro:
Maresme-Fòrum, wo–ma 10–20 uur**

Congres- en evenementencentrum in
het nieuw ontwikkelde stadsdeel aan
de monding van de Riu Besòs. Met
de bouw van dit ensemble werd een
groot stedenbouwkundig project af-
gerond. Het stadsstrand reikt nu van
Barceloneta in het zuiden tot aan het
einde van de trote stadsdiagonaal, die
nu tot aan zee bebouwd is.

Gràcia ▶ E–G 1/2

De stadswijk boven Eixample heeft het
volstrekt eigen karakter van een langdurig zelfstandige plaats nooit opge-
geven. De huizen zijn er beduidend
kleiner en minder opvallend dan de
prachtige gebouwen van Eixample,
de straten smaller en de pleinen in-
tiemer. Het was een omgeving die al

Sinds 2005 behoort ook Gaudí's Casa Batlló tot het UNESCO-werelderfgoed

in de jaren zestig bohemiens aantrok. Bijzonder sfeervol is het schilderachtige centrum dat rondom de Plaça del Sol ligt.

Mercat del Born ▶ Kaart 2, E 3/4

Pg. del Born s/n, Ribera, metro: Jaume I

Deze in 1873–1875 gebouwde markthal is met haar gedetailleerde dakconstructie en fraai geproportioneerde constructie-elementen een indrukwekkend voorbeeld van de zogeheten ijzerarchitectuur uit de late 19de eeuw. Nadat de levensmiddelenmarkt definitief was dichtgegaan, stiet men in de jaren zeventig bij renovatiewerkzaamheden op de omvangrijkste archeologische resten die er ooit in een Europese stad zijn blootgelegd. Laag voor laag werd de vroege 18de eeuw zichtbaar, een tijd waarin de troepen van de Spaanse koning Barcelona aanvielen en bezetten. Na de opgravingen zal de markthal weer opengaan om te dienen als cultureel centrum en expositieruimte.

Monestir de Pedralbes
▶ noordwesten A 1

Baixada del Monestir 9, Les Corts, tel. 932 56 34 34, www.bcn.cat, metro: Palau Reial, okt.–maart di–za 10–14, april–sept. di–za 10–17, het hele jaar zo 10–20 uur, 1 jan., Goede Vrijdag, 1 mei, 24 juni, 25 dec. gesl., € 7 (met korting € 5), zo vanaf 15 uur gratis

Het in de 14de eeuw gebouwde klooster heeft een van mooiste kruisgangen van Spanje. De inrichting van het complex geeft een beeld van het leven van de nonnen van de clarissenorde die hier tot 1983 verbleven.

Palau Reial Major
▶ Kaart 2, C 2/3

Pl. del Rei s/n, Barri Gòtic, tel. 932 56 21 00, www.bcn.cat, metro: Jaume I, okt.–maart di–za 10–14, 16–19, april–sept. di–za 10–20, het hele jaar zo 10–20 uur, stadsmuseum € 7 (met korting € 5), zo vanaf 15 uur gratis

Het gotische koninklijk paleis met

De magie van de Font Màgica wordt zichtbaar bij de lichtshows bij avond

kerk, uitkijktoren en de feestzaal Saló del Tinell en het buurpaleis Palau del Lloctinent ('Paleis van de plaatsvervanger') vormen een interessant geheel en zouden als decor kunnen dienen van een film over de Spaanse middeleeuwen. Het Museum voor Stadsgeschiedenis met onderaardse Romeinse nederzettingsresten is bij het complex om de sfeervolle Plaça del Rei inbegrepen. In het eveneens bij de gotische gebouwen behorende Casa Padellàs vinden wisselende tentoonstellingen plaats over het hedendaagse Barcelona.

Poble Espanyol ▶ A/B 5

Av. Francesc Ferrer i Guàrdia 13, Montjuïc, tel. 935 08 63 00, www.poble-espanyol.com, metro: Espanya, dag. vanaf 9 uur, € 8,90 (met korting € 5,60)
Het voor de Wereldtentoonstelling van 1929 op de Montjuïc aangelegde 'Spaanse dorp' vormt met zijn replica's van beroemde Spaanse bouwwerken een aardige wereld van stegen, waarin onder meer 40 kunstnijverheidsmensen hun werken verkopen, hedendaagse Spaanse kunst te zien is, twee disco's uit hun dak gaan, een traditierijk flamencolokaal zijn plek heeft en het gastronomisch aanbod varieert van cafés tot tabasbars.

Santa Maria del Mar
▶ Kaart 2, D 4

Pl. Santa Maria del Mar, Ribera, metro: Jaume I, dag. 9–13.30, 16.30–20 uur, entree gratis
De gotische kerk Santa Maria del Mar werd in ongewoon korte tijd opgericht tussen 1329 en 1370. Ze oogt dan ook wezenlijk homogener en daarmee rustiger dan de nabijgelegen kathedraal. Het grote roosvenster in de façade is een van de weinige elementen die de anarchistische beeldenstorm van 1936

onbeschadigd overleefde. De kerk is van buiten ongenaakbaar en duister, maar binnen ontvouwt ze haar introverte schoonheid.

Sant Pau del Camp ▶ E 6

Sant Pau 101, El Raval, tel. 934 41 00 01, metro: Paral·lel, ma 17–20, di–vr 10–13.30, 17–20, za 10–13.30 uur, za 8 uur mis, € 3 (met korting € 1)
Barcelona's oudste kerk is een van de weinige bewaard gebleven romaanse bouwwerken. Samen met de tuin is het een juweeltje.

Tibidabo ▶ noordwest van F 1

Pl. Tibidabo 3–4, St. Gervasi, tel. 932 11 79 42, www.tibidabo.es, FFCC: Av. Tibidabo, dan Tramvia Blau, vervolgens Funicular (totaal ca. € 10), of: neem de Tibibus als pendelbus vanaf Pl. de Catalunya (hoek Rambla de Catalunya), die tijdens de openingsuren naar het pretpark rijdt, bij de entreeprijs inbegrepen, in de zomermaanden wo–zo 12–23, anders za, zo 12–21 uur (vanwege het wat gecompliceerd opgezette systeem van de openingstijden is het verstandig om vooraf naar de tijden te informeren), entree € 25 (met korting € 9) (incl. gebruik van alle attracties)
Het oudste pretpark van Spanje werd in 1899 hoog boven de stad aangelegd en biedt voor een hoge entreeprijs de gangbare kermisattracties.

Torre Agbar ▶ K 4

Pl. de les Glòries, Eixample, www. torreagbar.com, metro: Glòries, geïllumineerd: april–okt. ma–vr 21–23, za, zo 21–24, nov.–maart ma–vr 19–21, za, zo 20–23 uur
Het door de Franse architect Jean Nouvel ontworpen bouwwerk werd in 2004 voltooid. De geregeld verlichte sculptuur geldt sindsdien als een van de symbolen van Barcelona. De 142 m

hoge kantoortoren is met zijn eigenzinnige, van boven afgeronde vorm geïnspireerd op de rotsformaties van de nabijgelegen Montserrat.

Musea en expositiecentra

Artesania Catalunya
▶ Kaart 2, B 3

Banys Nous 11, Barri Gòtic, tel. 934 67 46 60, www.artesania-catalunya. com, metro: Jaume I, ma–za 10–20, zo 10–14 uur, gratis entree
Een architectonisch imposante expositieruimte voor de kunstnijverheid van Catalonië.

CaixaFòrum ▶ B 5

Av. Francesc Ferrer i Guàrdia 6–8, Montjuïc, tel. 934 76 86 00, www. fundacio.lacaixa.es, metro: Espanya, dag. 10–20, in juli, aug. wo tot 23, za tot 22 uur, entree gratis
Deze voormalige textielfabriek geldt als een van de mooiste bouwwerken van het modernisme van Puig i Cadafalch. Na een grote sanering, een respectvolle uitbreiding en de verandering van functie ging het gebouw open als de nieuwe zetel van de culturele stichting Fundació La Caixa. Het cultuur- en evenementencentrum exposeert onder meer moderne kunst, is podium voor vele concerten en het Festival de Música Antiga (april). De grote museumboekhandel en het aan te bevelen restaurant vormen een interessante aanvulling op dit mooie gebouw.

Fundació Tàpies ▶ F 3

Aragó 255, Eixample, tel. 934 87 03 15, www.fundaciotapies.org, metro: Pg. de Gràcia, di–zo 10–18 uur, € 7 (met korting € 5,60)
Na twee jaar renovatie heropende de stichting in maart 2010 haar deuren in dit spectaculaire modernistische ge-

bouw. Naast de werken van de belangrijkste kunstenaars van de Spaanse Art Informel zijn hier ook wisselende collecties met moderne kunst te zien. Het glazen dak zorgt voor prachtig lichte expositieruimtes en draagt een veel gefotografeerde staalsculptuur. Deze moet binnenkort vervangen worden door een 3 m hoge Tàpies-sculptuur die een sok met gaten voorstelt en de naam 'Mitjó' draagt.

Museu de Ceràmica
▶ noordwest van C 1

Av. Diagonal 686/Palau de Pedralbes, Pedralbes, tel. 932 56 34 65, www. museuceramica.bcn.es, metro: Palau Reial, di–za 10–18, zo 10–15 uur, € 5 (met korting € 3; incl. bezoek aan het ook in het paleis ondergebrachte Museu de les Arts Decoratives en het Textielmuseum)
De sfeer van het paleis en het eromheen liggende park, alsmede de mooie Spaanse keramiek uit de 12de tot de 19de eeuw, maken een bezoek de moeite waard. U kunt het Museu de Ceràmica bovendien zonder veel moeite combineren met een bezoek aan het Monestir de Pedralbes (zie blz. 76).

Museu de la Ciència (Cosmo Caixa)
▶ noordwesten F 1

Isaac Newton 26, Gràcia, tel. 932 12 60 50, www.cosmocaixa.com, FFCC: Tibidabo, di–zo 10–20 uur, 3 € (met korting € 2)
Hier is een van de spannendste museumconcepten van Europa verwezenlijkt, met als thema natuurwetenschappen. Grote installaties en speel- en experimenteerkamers maken natuurkundige verschijnselen ook begrijpelijk voor kinderen. Naast het gewone planetarium dient het Burbujasplanetarium als een sterrenafdeling voor kinderen. Ook indrukwekkend

Museumlandschap

Een bijna volledig en uitvoerig becommentarieerd overzicht over het museumlandschap van Barcelona staat op de internetsite www.barcelona turisme.com/museos-y-lugares-de-interes (ook in het Engels). Informatie over de actuele kunst-, galerie- en expositiescene van Barcelona geeft www. artbarcelona.es. Bijna alle musea en collecties van de stad zijn op 25 en 26 december en op 1 en 6 januari gesloten. Kinderen onder de zeven jaar hebben doorgaans gratis toegang tot de musea. Op 18 mei, de dag van het museum, is de entree tot de meeste musea gratis.

is de op een oppervlak van meer dan 1000 m² nagemaakte Amazonejungle.

Museu de la Xocolata
▶ G 6

Comerç 36, Ribera, tel. 932 68 78 78, www.museuxocolata.com, metro: Jaume I, ma–za 10–19, zo 10–15 uur, € 4,30 (met korting € 3,60)
Zien, ruiken en proeven hoe goede chocolade gemaakt wordt. Daarbij een beetje cultuurgeschiedenis – en de combinatie klopt. En u kunt er bovendien heerlijke cadeaus voor thuis kopen.

Museu del Modernisme
Català ▶ F 4

Balmes 48, Eixample, tel. 932 72 28 96, www.mmcat.cat, metro: Pg. de Gràcia, ma–za 10–20, zo 10–14 uur, € 10
Dit in 2010 geopende museum voor de Catalaanse art nouveau bezit meer dan 300 voorwerpen uit privécollecties; met werk van onder anderen Gaudí, Ramon Casa en Josep Llimona.

Museu Nacional d'Art de
Catalunya ▶ B 5/6

Palau Nacional, Montjuïc, tel. 936 22 03 60, www.mnac.es, metro: Espanya, di–za 10–19, zo 10–14.30 uur, € 8,50 (met korting € 6; voor het hele complex). Afzonderlijke exposities goedkoper, 1ste zo v.d. maand gratis

De grootste collectie romaanse wandschilderingen ter wereld wordt getoond in de zorgvuldig gerestaureerde ruimtes van het paleis dat de Spaanse koning liet bouwen voor de Wereldtentoonstelling van 1929. Het MNAC bezit ook een grote afdeling met Catalaanse gotiek. De Thyssen-Bornemisza-verzameling omvat schilderijen en sculpturen uit de Italiaanse en Duitse renaissance en Venetiaanse barok. Daarbij komen nog de collecties van het Museum voor Moderne Kunst, de Numismatische Collectie van Catalonië en de Algemene Bibliotheek voor Kunstgeschiedenis.

Palau Güell ▶ Kaart 2, A 4

Nou de la Rambla 3–5, Raval, tel. 933 17 39 74, www.palauguell.cat, metro: Liceu
Wegens een grondige renovatie is dit imposante gebouw gesloten tot april 2011. Daarna presenteert dit in 1889 door Gaudí voor zijn beschermer en financier Eusebi Güell gebouwde huis zich weer in zijn oude pracht. Het interieur is een imposant spel met ruimte, kleuren en vormen.

Palau Robert ▶ F 2

Pg. de Gràcia 107, Eixample, tel. 932 38 80 91, www.gencat.cat/palaurobert, metro: Diagonal, ma–za 10–19, zo 10–14.30 uur, wisselende, meestal gratis exposities

In dit stadspaleis van de hogere burgerij huist de Catalaanse toeristeninformatie. Opwindende expositieruimtes, interessante, meestal culturele thema's en een mooie binnentuin waar vaak zomerconcerten plaatsvinden (zie blz. 112) maken dit adres bijzonder.

Pavelló Mies van der Rohe ▶ B 5

Av. Francesc Ferrer i Guàrdia 7, Montjuïc, tel. 934 23 40 16, www.miesbcn.com, metro: Espanya, (meestal) dag. 10–20 uur, € 4,50 (met korting € 2,30)
De getrouwe kopie van het Duitse paviljoen van de Wereldtentoonstelling van 1929 is 'Bauhaus puur'.

Tuinen en parken

Een compleet overzicht kunt u vinden op: www.bcn.cat/parcsijardins

Cementiri Sud-Oest ▶ A 7

Pl. Devant del Cementiri s/n, Montjuïc, informatie over de rondleidingen op de begraafplaats: www.cbsa.es, bus 38 vanaf Pl. de Catalunya. Uitstappen in de buurt van de hoofdingang van de begraafplaats, dag. 8–18 uur
Het uitgestrekte terrein van de in 1883 aangelegde begraafplaats omvat meer dan 150.000 graven en wordt doorsneden door brede, met cipressen geflankeerde wegen, waarop zelfs auto's rijden. Op een prachtige locatie hoog boven de zee vindt u hier graven van historisch of kunsthistorisch belang. Op enige afstand van de grote mausolea liggen de martelaars van de Spaanse linkse bewegingen.

Jardins de Joan Maragall ▶ B 6

Av. de L'Estadi s/n (tegenover het Olympisch Stadion), Montjuïc, metro: Espanya, za, zo, feestdagen 10–15 uur, entree gratis

Bij de renovatie en uitbreiding van 1970 kreeg het park zijn mooie aanblik, naar het voorbeeld van neoclassicistische tuinen in Frankrijk. De strenge symmetrie wordt doorbroken en speels gecontrasteerd door fonteinen en kleine watervallen. Op 4 hectare wandelt u hier tussen kleine meren, oude bomen en voorbij antieke sculpturen.

Parc de la Ciutadella ▶ H 6/7

Pg. de Picasso 1, Ciutat Vella, metro: Arc de Triomf en Barceloneta, dag. 10 uur tot zonsondergang
Het 'Park van de Citadel' is een oase in de binnenstad die niemand mag missen: een stuk natuur midden in de stad, met een tot beschouwelijkheid uitnodigende vormgeving, maar ook een stuk historie. Nadat de stad in de Spaanse Successieoorlog was aangevallen en bezet door de Bourbons uit Madrid, creëerden de bezetters aan de rand van de oude stad plaats voor een vesting die de stad moest bewaken. Daartoe werden hele straten met de grond gelijkgemaakt en de hierdoor getroffen bewoners moesten een gedwongen verhuizing naar het in die tijd gestichte 'Barceloneta' ('Klein Barcelona') aan de haven voor lief nemen. Pas in 1869 werd de Ciutadellavesting gesloopt. Een paar mooie gebouwen in het huidige park herinneren eraan dat in 1888 hier de eerste Wereldtentoonstelling van Barcelona plaatsvond. Het Museu de Zoologia, dat door Domènech i Montaner 1888 als café-restaurant werd gebouwd, en het kristallen paleis Hivernacle, een tuinpaleis van ijzer en glas, zijn daar nog restanten van.

Parc de Montjuïc ▶ A–D 5–8

Montjuïc, metro: Espanya
Met meer dan dan 2 miljoen m² vormt de Montjuïc het grootste aaneengesloten stuk groen in het stadsgebied van

Miró in het stadsbeeld

Gaudí en andere universele kunstenaars van het modernisme lieten zich al niet vastpinnen op 'kunst voor het museum'. Ze streefden naar vervlechting van hun werk met het praktische leven. Ook Joan Miró laat zich meermaals zien in het stadsbeeld van Barcelona. Zo zijn het logo van de spaarbank Caixa (blauwe zeester met een gele en een rode punt) en het bonte mozaïek in het Ramblas-plaveisel (ter hoogte van de Boqueriamarkt) ontwerpen van Miró. Miró's 22 m hoge sculptuur '**Dona i Ocell**' (Parc de Joan Miró, naast Pl. d'Espanya) was in 1982 de aanzet voor een kleurrijke 'straatkunst', die door kunstenaars als Javier Mariscal of Roy Lichtenstein op sympathieke wijze werd voortgezet.

Barcelona. U vindt er grote plantsoenen met cacteeën en tulpenparadijzen. Er zijn zeer gestileerde oases maar ook verwaarloosde hoekjes. De stijl is zowel beïnvloed door de Engelse landschapsstijl als het Franse classicisme. Het zou u dagen kosten om alles te ontdekken. Vanaf het Palau Nacional, of ook vanaf het theatergebouw aan de rand van de stadswijk Poble Sec, lopen kleine paden naar de Jardins del Teatre Grec en Jardins de Laribal, afzonderlijke stukken park, waarvan het centrum wordt gevormd door het Teatre Grec. Op zomeravonden verzamelen zich hier vaak de bezoekers van het Festival Grec (zie blz. 20). De nabijgelegen fontein 'Font del Gat' speelt een grote rol in veel romans van de late 19de eeuw, want ze gold als een geliefd ontmoetingspunt van verliefde paartjes. In de lente is het Park Mossèn Cinto Verdaguer een tulpenparadijs. De terrassentuin is getooid met meerdere waterwerken. In het zuidoosten sluiten er terrassen op aan die gebruikt worden voor het cultiveren en kweken van groentes. Ze vormen een onderdeel van de kweke-rij Tres Pins. Aan het eind van deze terrassen bent u al bijna bij het Olympisch Stadion en daarmee bij de Botanische Tuin. De Jardins de Joan Brossa zijn ook goed te bereiken vanaf de hoger gelegen Plaça de la Sardana. In de richting van de zee volgen nog de Jardins de Mossèn Costa i Llobera. Ze bevatten een van de grootste verzamelingen van cacteeën in Europa.

Zoo de Barcelona ▶ H 7

Pg. de Picasso 1, Ciutat Vella, tel. 902 45 75 45, www.zoobarcelona.com, metro: Arc de Triomf en Barceloneta, begin-jan.–midden-maart, 26 okt.–eind-dec. dag. 10–17, 16 maart–31 mei, 1–25 okt. 10–18, juni–sept. 10–19 uur, entree € 16,15 (met korting € 8,45–9,65)

De fraai gelegen dierentuin is vooral voor kinderen aantrekkelijk (er is onder meer een spannend reptielenhuis) en goed te bereiken met een wandeling door het Park de la Ciutadella. De opbrengst van de hoge entreeprijs komt ten goede aan het grote terrein en een goede verzorging van de dieren.

Excursies

Monestir de Montserrat
▶ Kaart 5

Het beroemde benedictijnenkloos-
ter is al heel lang het meest bezochte
Catalaanse bedevaartsoord. De 'Zwarte
Madonna' in de kloosterkerk geldt als
de schutspatrones van Catalonië. Aan
het klooster is een **School voor sacrale
muziek** verbonden. De leden van het
jongenskoor 'Escolania' zingen in de
basiliek 's middags het 'Ave Maria' en
bij de vesper het 'Salve'.

Informatie

Monestir de Montserrat: tel. 938
77 77 77, www.abadiamontserrat.net,
klooster dag. 7.15–19.30, za, zo 7.15–
20.30 uur, koorgezang ma–za rond 13,
zo, feestdagen rond 12 uur, niet in de
vakantietijd, 24 juni en Kerstmis.
Bereikbaar: het klooster ligt ca. 60 km
ten westen van Barcelona. Via de snel-
weg A 2, afslag Martorell, dan de richting Manresa tot de afslag Montserrat.
Een mooiere optie is de rit met de
Catalaanse trein (FFCC). Deze vertrekt dagelijks van de Plaça Espanya

richting Manresa. Het station Aeri de
Montserrat heeft een aansluiting met
de kabelbaan naar het kloostercomplex.

Penedès ▶ Kaart 5

Het ca. 45 km ten zuiden van Barcelona
gelegen wijngebied herinnert aan
Toscane. De witte wijnen en de beroemde cava, geproduceerd volgens
de methode champenoise, kunt u proberen in de vele bodega's. Een centrum van dit gebied is het stadje **Sant
Sadurní d'Anoia.** Hier zijn goede wijn-
kelders gevestigd. Bezienswaardig is
het art-nouveaugebouw van de **Caves
Codorníu.**

Informatie

Ajuntament de Sant Sadurní d'Anoia:
www.santsadurni.org
Caves Codorníu: Avda. Jaume
Codorníu s/n, Sant Sadurní
d'Anoia,tel. 938 91 33 42, www.codor-
niu.es, ma–vr 9–17, za, zo 9–13 uur,
rondleidingen alleen op afspraak.
Bereikbaar: u rijdt met de auto over de

Op weg met Catalunya Bus Turístic

Barcelona Turisme organiseert een ruim aanbod aan bustrips in de nabije
omgeving. De bussen vertrekken van de Plaça de Catalunya (tegenover
warenhuis Corte Inglés). Routes **Figueres–Girona** met stadsrondleiding en
bezoek Teatre Museu Dalí in Figueres (eind-maart–midden-nov. di–zo 8.30–20
uur, prijs € 71, bij online boeken € 65) en **Montserrat, bodega's, Sitges** naar de
beroemde kloosterberg en naar het zuiden (met een wijnkelderbezoek;
eind-maart–midden-nov. di–zo 8.30–19 uur, prijs € 69, bij online boeken € 63).

A 7 richting Tarragona en neemt dan afslag 27. De rest van de route is goed aangegeven. Voor de rit hebt u een klein uur nodig.

Sitges ▶ Kaart 5

Sitges is al meer dan honderd jaar een geliefde verblijfplaats voor schilders en dichters. Sinds de jaren zestig geldt de 40 km ten zuiden van Barcelona gelegen badplaats ook als een geliefde ontmoetingsplaats van homoseksuelen. Zij zorgen voor felgekleurde carnavalsdagen. De eerste helft van oktober staat elk jaar in het teken van de fantastische film. Ook Salvador Dalí heeft een tijd in het stadje gewoond. Vóór hem had de Catalaanse schilder Santiago Rusiñol (1861–1931) zich in Sitges gevestigd.

Beneden bij de zee, niet ver van de mooie **strandpromenade** en de rotskaap met de kerk, staat het museum **Museu Cau Ferrat.** Het gebouw was lang het woonhuis van Rusiñol en in diens tijd ook een ontmoetingsplek van kunstenaars. Tegenwoordig vindt u er er een belangrijke collectie meubels, sculpturen, tekeningen en schilderijen, die onder meer werk van Picasso, Utrillo, El Greco, Ramón Casas en Josep Llimona omvat. Daarnaast ligt **Museu Maricel de Mar.** Dit 14de-eeuwse voormalige ziekenhuis herbergt nu een deel van de kunstcollectie van Santiago Rusiñol, vooral zijn middeleeuwse kunst en renaissance- en barokmeubels.

Informatie

Oficina de Turisme: Sínia Morera 1, tel. 938 10 93 40, www.sitgestur.com, met hotelreservering (alleen vanuit Spanje mogelijk, voor 32 hotels in Sitges).

Vergeleken met andere kustplaatsen ten zuiden van Barcelona heeft Sitges een bijzondere flair

Museu Cau Ferrat: Fonollar s/n, tel. 938 94 03 64, di–za 10–19, zo 10–14.30 uur.

Museu Maricel de Mar: Fonollar s/n, tel. 938 94 03 64, midden-juni–eind-sept. di–zo 10–14, 17–21, okt.–midden-juni di–vr 10–13.30, 15–18.30, za 10–19, zo 10–15 uur.

Bereikbaar: met de auto hebt u vanuit Barcelona bijna een uur nodig om via de bochtige kustweg naar Sitges te komen. Voor een dagtocht is de trein (ca. 30 min.) het beste vervoer. Er is een directe, regelmatige verbinding van station Sants naar Sitges.

Salvador-Dalí-Tour ▶ kaart 5

In **Figueres**, een charmant provinciestadje, ligt het Teatre-Museu Dalí, een van de meest bezochte musea van Spanje. Het voormalige theater heeft nog niets ingeboet aan theatrale kracht. Het staat vol met verrassende installaties en is een expositieruimte voor de belangrijke schilderijen, de grafiek en het goudsmeedwerk van Dalí. In **Cadaqués** bewoonden Dalí en zijn vrouw Gala een wat achteraf gelegen huis in Portlligat. Het grote huis werd door de Dalí-stichting verbouwd tot museum. Hier kunt u de leefwereld en de werkomgeving van het genie bewonderen.

Informatie

Voor alle Dalí-musea geldt de volgende website: www.dali-estate.org.
Teatre-Museu Dalí Figueres: Pl. Gala-Salvador Dalí 5, tel. 972 67 75 00, dag. nov.–feb. 10.30–18, maart–juni, okt. 9.30–18, juli–sept. 9–20 uur, gesl. 1 jan., 25 dec., tussen 1 okt. en 31 mei ma gesl. (let op: de openingstijden veranderen vaak), € 11 (met korting € 8).
Casa-Museu Salvador-Dalí: Portlligat, tel. 972 25 10 15, 15 juni–15 sept. dag. 9.30–21, 16 sept.–6 jan., 9 feb.–14 juni di–zo 10.30–18 uur, € 10 (met korting € 8; bezichtiging alleen met rondleiding na telefonische afspraak).

Bereikbaar: met de auto via de A 7 naar het noorden. Tot Figueres is het ca. 140 km. Over de provinciale weg gaat het dan verder naar de kustplaats Roses. Kort voordat u de plaats binnenrijdt, buigt u links af over de kronkelige bergweg naar Cadaqués.

Universal Studios – Port Aventura ▶ Kaart 5

Een themapark van superlatieven. De 'Avonturenhaven' lokt met een mediterraan vissersdorp, een Stille Zuidzee-idylle, Kontiki-boten, een reuzenachtbaan en een grote waterglijbaan. De entree die al naar gelang het seizoen varieert van € 33–44 is echter behoorlijk aan de prijs voor al deze pret.

Informatie

Port Aventura: tel. (binnen Spanje) 902 20 22 20, www.portaventura.es, in de zomermaanden juni–sept. dag. 9–20 uur, in de andere seizoenen sterk wisselende openingstijden (zie de website).
Bereikbaar: met de auto vanuit Barcelona via de A 2, dan de A 7 richting Tarragona. Afslag 35 leidt u direct naar het grote pretpark.

In het Casa-Museu Salvador Dalí kunt u zich vergapen aan de leefwereld en de werkomgeving van de excentrieke kunstenaar

Te gast in Barcelona

De combinatie van traditie en moderne tijd die zo'n indruk maakt in deze stad, weerspiegelt zich in de architectuur maar ook in het grote aantal bars, restaurants, voetgangerszones, boetieks en uitgaansgelegenheden. De volgende tips zijn een kleine afspiegeling van deze fascinerende mengeling. Vooral populair zijn de langere of kortere bezoeken aan de markthallen van de stad – zoals hier de nieuwe markthal Santa Caterina – waar u niet alleen uw culaire behoeften kunt stillen, maar ook zonder al te veel gedoe een indruk krijgt van het dagelijks leven van de stad en haar bewoners.

Veel beweging in de hotelmarkt

Barcelona's gestegen populariteit als bestemming in het Europese stadstoerisme heeft de afgelopen jaren geleid tot een duidelijke uitbreiding van het accommodatie-aanbod. In het kader van deze ontwikkeling zijn de prijzen echter meer dan gemiddeld gestegen. Voor een tweepersoonskamer in een eenvoudig pension of een eenvoudig hotel moest u in 2010 rekening houden met € 60–90 per nacht. Middenklassehotels kosten ondertussen € 90–150, en er is geen bovengrens vastgesteld. Vaak variëren de hotelprijzen sterk met het hoog- of laagseizoen, en ook op dagen dat er beurzen zijn kunnen ze duidelijk hoger zijn dan anders. De betere hotels berekenen steeds vaker een prijs inclusief ontbijt. Direct via de website van het hotel reserveren heeft het voordeel dat u daarbij – anders dan als u boekt via reisbureaus – eventueel de bijzondere aanbiedingen en weekendspecials onder ogen komen. Omdat Barcelona veel mogelijkheden heeft om de grote of kleine honger te stillen, is het beter om bij uw overnachting geen half- of heelpension te kiezen.

Appartementen en pensions

De algehele stijging in kwaliteit en comfort doet zich ook in veel pensions en hostals voor. De kamers zijn in deze categorie vaak vriendelijker en de bedden beter dan dat tien jaar geleden het geval was. Een aanbod aan bed & breakfasts is er nauwelijks, maar daar staat tegenover dat er ondertussen een groot aanbod is aan goedkope appartementen, die u al voor drie dagen kunt huren. Handig is bijvoorbeeld de website booking.com (ook Nederlandstalig) evenals www.apartmentsinbarcelona.net, de website van een appartementenverhuurder met veertien centraal gelegen individuele appartementen. Voor gezinnen met kinderen zijn appartementen, hostals en pensions geschikt die vaak kamers met meerdere bedden aanbieden.

Accommodatie voor jongeren

De jeugdherbergen van vroeger hebben plaatsgemaakt voor een nieuwe generatie jeugdhotels met meer comfort en service (zie blz. 89). Een internetaansluiting is standaard aanwezig, maar zit niet altijd in de overnachtingsprijs inbegrepen.

Logeren in de oude stad

Wie in de oude stad (Raval, Ramblas, Barri Gòtic, Ribera) wil logeren, maar 's nachts toch zijn rust wil hebben, moet om een kamer aan de achterkant vragen. Uitzondering op deze regel is het Hostal Jardí, want hier zijn de kamers door het uitzicht op het plein echt een genot.

Als u 's nachts terugkeert naar uw hotel in de oude stad, is het aan te raden om zoveel mogelijk gebruik te maken van drukke straten en stille steegjes te mijden.

Prettig en betaalbaar

Ideaal voor gezinnen – **Aparthotel Silver:** ■ F 1, Bretón de los Herreros 26 (Gràcia), tel. 932 18 91 00, www.hotel-silver.com, metro: Fontana, afhankelijk van klasse en seizoen 2 pk € 70–130, 3de pers. € 26, kind (2–12 jaar) € 12, ontbijt € 8. Royaal opgezette smaakvol ingerichte kamers, voor een deel met een eigen terras. Een mooie tuin en vriendelijke service maken dit hotel in Gràcia tot een van de aanraders – ook voor gezinnen.

Fantastische dakterrassen – **Ciutat de Barcelona:** ■ kaart 2, E 3, Princesa 35 (Ribera), tel. 932 69 74 75, www.ciutat-barcelona.com, metro: Jaume I, 2 pk vanaf € 115 zonder ontbijt. Een stijlvol huis dicht bij het Picassomuseum. Het heeft modern, maar niet pretentieus comfort en een schitterend dakterras met zwembad. Het hotelrestaurant is vanwege zijn goede kwaliteit ook populair bij de mensen uit de buurt.

Jeugdhotel – **Equity Point Sea:** ■ E 5, Plaça del Mar 1–4 (Barceloneta), tel. 932 31 20 45, www.equity-point. com, metro: Barceloneta, 24 uur geopend, afhankelijk van het seizoen € 16–25/p. pers., incl. ontbijt, beddengoed, internetaansluiting. Het aan het strand gelegen huis zou tekortgedaan zijn met de aanduiding 'jeugdherberg'. Bij het Equity Point Sea gaat het meer om een hedendaagse invulling van deze manier van overnachten. Er zijn nog twee adressen: Equity Point Gothic (Vigatans 5) en Equity Point Centric (Pg. de Gràcia 33). Meer informatie kunt u vinden op de website. Een jeugdherbergkaart is niet nodig.

Veel voor weinig geld – **Hostal Gat Raval:** ■ G 1, Joaquim Costa 44 (Raval), tel. 934 81 66 70, www.gatrooms.es, metro: Universitat, 2 pk vanaf € 60. De kamers zijn hier niet groot, maar toch: goedkoper, centraler en schoner kunt u niet logeren. Hetzelfde geldt voor het in de buurt gelegen tweede huis van deze kleine keten (Gat Xino, Hospital 155).

Schilderachtig – **Hostal Jardí:** ■ kaart 2, B 2, Pl. Sant Josep Oriol 1 (Barri Gòtic), tel. 933 01 59 00, www.hotel-jardi-barcelona.com, metro: Liceu, 20 kamers, 2 pk € 60–120, klein ontbijt € 6. Het hostal ligt aan een van de mooiste pleinen in de binnenstad van Barcelona. Het is eenvoudig ingericht, maar alleen al door zijn ligging is het een plek om van te dromen. Daarom kunt u hier beter kiezen voor een kamer met raam aan het plein.

Vlak bij het strand – **Marina Folch:** ■ G 7, Mar 16 (Barceloneta), tel. 933 10 37 09, geen website, marinafolch bcn@hotmail.com, metro: Barceloneta, 10 kamers., 2 pk zonder ontbijt vanaf € 60. Een eenvoudig huis met echt kleine, maar schone en vriendelijke kamers. Het is maar een paar stappen lopen naar het strand.

Aangenaam 'meelogeren' – **Pensió 2000:** ■ kaart 2, D 1, Sant Pere Més Alt 6 (Ribera), tel. 933 10 74 66, www.pensio2000.com, metro: Urquinaona, 2 pk met bad € 70, met bad op de gang € 55, 3-beddenkamer € 20/pers., 4-beddenkamer € 18/pers., kinderen 5–12 jaar € 20, ontbijt € 5. Dit door een familie gedreven pension tegenover het Palau de la Música is aantrekkelijk door de schone, ruime en zeer schone kamers, een prettige gemeenschappelijke ruimte, vriendelijke gastheren en een acceptabel ontbijt, waarvan u kunt genieten op de patio. U hebt de beschikking over een wasmachine en een internetaansluiting. Dit adres is even geschikt voor gezinnen als voor paren en voor mensen die alleen reizen.

Ontbijt op de binnenplaats – **Rembrandt:** ■ Kaart 2, B 2, Portaferrissa 23 (Barri Gòtic), tel. 933 18 10 11, www.hostalrembrandt.com, metro: Catalunya, 2 pk zonder ontbijt vanaf € 60. Dit in een boeiende voetgangerszone van de oude stad gelegen hostal is eenvoudig, maar schoon en vriendelijk. Van hieruit is veel per voet te bereiken. Desgewenst kunnen gezinnen kamers met zijn vieren gebruiken. Het ontbijt krijgt u bij mooi weer op een kleine binnenplaats.

Blik op het park – **Triunfo:** ■ kaart 2, F 3, Pg. Picasso 22 (Ribera), tel. 933 15 08 60, www.atriumhotels.com, metro: Arc de Triomf, 15 kamers, 2 pk zonder ontbijt vanaf € 60. Het kleine hotel ligt aan het Ciutadella-park. Vraag om een kamer met uitzicht op het groen. Ze kosten ongeveer € 5 meer, maar dat is het waard. Een vriendelijk, licht en goedkoop adres.

Stijlvol

Homovriendelijk – **Axel Hotel:** ■ E 4, Aribau 33 (Eixample), tel. 933 23 93 93, www.axelhotels.com, metro: Universitat, 2 pk vanaf € 135. Een jong, smaakvol ingericht hotel met veel comfort op de kamers en in de rest van het gebouw. De Sky-Bar op het dak en een grote wellnessruimte met zwembad komen daar nog bij. Het huis wordt gedreven door homo's en richt zich op de homogemeenschap, maar hetero's zijn welkom.

Barokke pracht – **Continental Palacete:** ■ F 4, Rambla de Catalunya 30 (Eixample), tel. 933 01 25 70, www. hotelcontinental.com, metro: Pg. de Gràcia, 2 pk vanaf € 130. Kroonluchters,

veel stuc en goud als dominante kleur: in dit midden in de winkelwijk van Eixample gelegen driesterrenhotel krijgt u voor redelijke prijzen een indruk hoe de hogere burgerij woonde in de late 19de eeuw. Grote kamers en een weelderig ontbijtbuffet (in de prijs inbegrijpen) zijn andere pluspunten van dit adres.

Bekroond – **Hotel Banys Orientals:** ■ Kaart 2, D 3, Argenteria 37 (Ribera), tel. 932 68 84 60, www.hotelbanysorientals.com, metro: Jaume I, 2 pk € 100, suite € 130, ontbijt € 10. Het fraai gelegen huis in de oude stad werd in de afgelopen tien jaar meermaals tot mooiste hotel van Europa gekozen. Met veel gevoel voor stijl worden hier oude muren en balken gecombineerd met een klassiek-modern design. De suites liggen twee huizen van het hoofdgebouw en zijn iets royaler opgezet.

Puristische elegantie – **Hotel Jazz:** ■ F 4, Pelai 3 (Raval), tel. 935 52 96 96, www.hoteljazz.com, metro: Universitat en Catalunya, 2 pk vanaf € 140. Het zeer centraal gelegen hotel wordt gedomineerd door een moderne vormentaal, waarbij de uitgelezen houtsoorten en stoffen mooie accenten leggen. Hoogtepunt is het grote zwembad op het dak. Op de website staat met het Soho Barcelona nog een ander veelbelovend en redelijk geprijsd adres van de NH-keten.

Ontbijt onder de bomen – **Hotel Petit Palace Opera Garden:** ■ kaart 2, A 3, Carrer de la Boqueria 10 (Barri Gòtic), tel. 933 02 00 92, www.htho teles.com, metro: Liceu, 2 pk vanaf € 150. Voor een viersterrenhotel zijn de prijzen goedkoop. Simpele elegantie en veel comfort kenmerken dit tegenover het operagebouw Liceu gelegen hotel. Bij het onlangs gerenoveerde

Kamer met uitzicht – met dank aan het W Hotel (zie blz. 41) van de beroemde architect Bofill

oude gedeelte behoren ook een mooie binnenplaats en een sfeervol terras, waar u niet weg wilt na het ontbijt en waar u 's avonds nog lang blijft zitten.

Geen klooster meer – **Hotel Sant Agusti:** ▉ kaart 2, A 2, Plaça Sant Agusti 3 (Raval), tel. 933 18 16 58, www.hotelsa.com, metro: Liceu, 2 pk met ontbijt vanaf € 130. Dit voormalige klooster is het oudste hotel van de stad, het bestaat al sinds het jaar 1840. Het ligt aan een mooi plein in Raval en biedt in de ruime kamers comfort zonder pretenties. De kamers op de vierde etage hebben mooi uitzicht over de oude stad. Helaas toont de website maar weinig van de charme van het hotel.

Klein, maar fijn – **The Five Rooms:** ▉ G 4/5, Pau Claris 72, 1' (Eixample), tel. 933 42 78 80, www.the5rooms.com, metro: Urquinaona, 5 kamers, 2 pk met ontbijt vanaf € 135. Dat je niet voor hotelier gestudeerd hoeft te hebben om een felbegeerd adres te creëren, bewijst de designer Yessica Delgado Fritz al een paar jaar. Ze heeft een oude etage in Eixample ingericht als klein hotel en wordt overstelpt met enthousiaste gasten. De vijf kamers – alle met bad – zijn ruim en modern ingericht. Het ontbijt wordt geserveerd aan een grote gemeenschappelijke tafel in de gezellige eetkamer. De gastvrouw is Duits en geeft haar grote kennis van Barcelona graag aan de gasten door. Het grote succes leidde in 2009 tot een uitbreiding naar 'Twelve Rooms'. De zeven bijkomende kamers bevinden zich op een andere etage, maar ze zijn eveneens smaakvol ingericht.

Eten en drinken

Wie bij een bezoek aan Barcelona echt op de slanke lijn moet letten, kan de volgende bladzijden maar beter overslaan, respectievelijk zich beperken tot de welbekende caloriearme specialiteit *pa amb tomàquet* oftewel boerenbrood met olijfolie, tomaat, zout en knoflook. En dit is dan nog maar één van de heerlijkheden die Barcelona tot een eldorado voor levensgenieters maken. In de autochtone keuken komen de zee en de bergen vaak samen onder het populaire begrip 'mar i muntanya', bijvoorbeeld in de combinatie speenvarken met baars of bij de met worst gevulde inktvis. Ook de paella gaat uit van dit motto en combineert kip met garnalen. De huidige culinaire scene van de stad heeft echter nog veel meer te bieden, want de voor Barcelona typische experimenteerlust laat zich vooral gelden in de gastronomie. Of het nu gaat om de tapas, schotels of desserts, om traditionele gerechten of fusion-cooking – het aantal nieuwe creaties en variaties is de laatste jaren explosief toegenomen. De door de internationale vakmensen tot nieuwe 'keizer der koks' uitgeroepen Catalaan Ferran Adrià staat aan het hoofd van een beweging die met haar avantgarde-keuken in de hele wereld furore heeft gemaakt.

Soorten gelegenheden

Tot de typische traditionele gelegenheden behoren de granja's, xurreria's en xampanyeria's. De granja's zijn kleine en bijna altijd gezellige cafés (vroeger melkbars) waar veel zoetigheden worden aangeboden. Ze zijn even zeldzaam geworden als de xurreria's, die als bar zonder zitplaatsen de in olie gefrituurde xurro's vers klaarmaken. Voor een glas cava na het werk of na een concert bezoeken Barcelonezen graag een xampanyeria. Konditorei-achtige cafés zijn er in Barcelona niet, met als uitzondering het Café Vienés in Hotel Casa Fuster.

Een eerste indruk van de ruime keuze aan restaurants in Barcelona kunt u krijgen op de website www.bcnrestaurantes.com.

Kleine koffiekunde

Het Midden-Europese café in de zin van een konditorei, een lunchroom of een koffiehuis is in Barcelona nauwelijks vertegenwoordigd. De meeste cafés hebben een groot terras op straat of het plein, en veel daarvan zijn in de avond open. In de ochtend geniet men van de grote koffie met melk (espresso met veel melk). Dit heet in het Catalaans een *café amb llet* en in het Spaans een *café con leche*. Na het eten wordt doorgaans een espresso (*café sol/café solo*) of een espresso met een kleine scheut melk (*tallat/cortado*) gedronken. Op weg naar huis van het werk trakteren veel Spanjaarden zich op een *carajillo*, een espresso met een scheut cognac. Dit zijn echter alleen maar de basisvormen – er zijn veel speciale wensen mogelijk.

● ● ● ● ● ● ● ● ● ● ● ●

Etenstijden en prijsniveau

In Spanje begint men later aan de hoofdmaaltijd dan in andere Europese landen. Het middagaten valt gewoonlijk tussen 13 en 15 uur; voor het avondeten meldt men zich niet voor 21 uur in het restaurant.

Ook in de betere restaurants zijn de lunchmenu's vaak maar half zo duur als het menu dat in de avond op uw tafel komt. In restaurants die gespecialiseerd zijn in vis en schaaldieren moet u minstens € 23 uittrekken voor een visgerecht. Bovengrenzen voor prijzen zijn er niet. Wijnen uit de fles die u op de kaart uitzoekt, voegen vaak een bedrag van € 20 tot 25 toe aan de rekening, de goedkopere wijnen uit de karaf of de huiswijn zijn echter vaak net zo lekker.

Let op: vooral in enkele traditionele gelegenheden, waarvan de namen opduiken in veel toeristenfolders (Can Culleretes, Cal Isidre, Cal Estevet), betaalt men vaak veel voor een dubieuze kwaliteit. Het tussendoortje op een terras vlak bij een grote bezienswaardigheid (bijv. Casa Milà) kan ook buitenproportioneel duur uitvallen. Wie voor een biertje geen € 5 wil betalen, kan dus beter nog even verder zoeken naar een bar.

Reserveren en fooien

In bars of tapaslokalen is het niet noodzakelijk om te reserveren. Als u de avondmaaltijd wilt gebruiken in een restaurant, is reserveren daarentegen niet te vermijden.

Fooien worden in Spanje niet overhandigd, maar na het betalen op tafel achtergelaten. In bars laat men iets van het wisselgeld achter. In een restaurant geeft men na een uitgebreid diner ongeveer € 2 per persoon.

● ● ● ● ● ● ● ● ● ● ● ● ● ●

Cafés

De mooiste koffiepauze – **Bar del Pi:** ▨ Kaart 2, B 2. Deze bar heeft een caféterras op een van de mooiste plekken van de stad. Voor uitgebreide informatie zie blz. 51.

Niet weg te denken – **Café de l'Òpera:** ▨ Kaart 2, A 3, La Rambla 74 (Ciutat Vella), tel. 933 17 75 85, www.cafeoperabcn.com, metro: Liceu, dag. 8.30–2.30 uur. Dit café, ooit opgericht voor het personeel en de bezoekers van het Liceu, is al lang een ontmoetingspunt van de bohemiens van de stad. Het café met zijn twee etages is niet zozeer aantrekkelijk door zijn taart- en koffiespecialiteiten als wel door de nonchalante atmosfeer – het café als plek van tolerantie tegen allerlei vormen van theatraal gedrag.

Een nieuw etiket – **Café dhub:** ▨ kaart 2, D 3. Een van de mooiste terrassen bevindt zich tegenover het Picassomuseum in een patio met palmen. Meer informatie op blz. 54.

Modernistische parel – **Café Vienés:** ▨ F 2, Pg. de Gràcia 132 (Eixample), tel. 932 55 30 00, www.hotelcasafuster.com, metro: Diagonal, dag. 9–3 uur. In het kader van een grootscheepse renovatie veranderde Casa Fuster in het gelijknamige luxehotel, waar op de begane grond het deftige konditorei-achtige Café Vienés gevestigd is. Van alle gelegenheden in Barcelona lijkt dit café het meest op een Weens of Berlijns koffiehuis. Eens per week dient het café 's avonds als jazzclub.

Xurro's sinds 1941 – **Dulcinea:** ▨ Kaart 2, B 2, zie blz. 51.

Pure gezelligheid – **Laie:** ▨ G 4, Pau Claris 85 (Eixample), tel. 933 02 73 10, www.laie.es, metro: Urquinaona, ma–vr 9–21, za 10–21 uur. De combinatie van boekenwinkel en café is al lang geliefd bij iedereen die graag in het café leest, praat en daarbij van hapjes wil genieten.

Beste crema catalana – La Pallaresa: kaart 2, B 2, Xuclà 4–6 (Raval), tel. 933 18 34 86, www.granja viader. cat, metro: Liceu, ma 17–20.30, di–za 9–13.30, 17–20.30 uur, Crema Catalana met room € 4. Deze zaak met zoetigheden bestaat al sinds 1870. Het interieur met zijn bonte tegels en het aanbod van drankjes en gerechten is typisch voor de traditionele granja, waarvan er helaas niet veel meer over zijn.

Goed en goedkoop

Evergreen – Egipte: kaart 2, A 2, La Rambla, 79 (Ciutat Vella), tel. 933 1795 45, www.egipte-ramblas.com, metro: Liceu, dag. 13–16, 20–24 uur, hoofdgerechten vanaf € 13. Deze gelegenheid staat niet alleen bij Barcelonezen maar ook bij bezoekers van de stad al heel lang op één in de populariteits-top-tien. De redenen zijn de verse marktkeuken, fantasievolle bereiding en de eerlijke prijzen, alsmede de nonchalante sfeer en de vriendelijke service. Hier kunt u voor een beetje geld een geweldige avond hebben.

Goede prijs-kwaliteitverhouding – La Fonda: kaart 2, A 4, Escudellers 10 (Ciutat Vella), tel. 933 01 75 15, www. lafonda-restaurant.com, metro: Liceu, dag. 13–15.45, 20–23 uur, menu vanaf € 19. Een adres dat Barcelonabezoekers elkaar doorgeven. Met de hoge kwaliteit van de keuken en de ruim opgezette, zeer prettige inrichting kunt u in dit restaurant in de oude stad genieten van een buitengewoon goede prijs-kwaliteitverhouding. Of het nu paella,

inktvis of salade is, het is allemaal vers en erg goedkoop.

Pizzissima – La Verònica: E 5, Rambla del Raval 2–4 (Raval), tel. 933 29 33 03, metro: Liceu, di–zo 13–1 uur, hoofdgerechten vanaf ca. € 12. Het overwegend jonge publiek van dit kleine restaurant komt uit alle stadswijken om te genieten van de variatie en hoge kwaliteit van de pizza's in deze Italo-klassieker. Het serveert ook goede salades.

Authentieke autochtone kost – Los Toreros: kaart 2, A 1, Xuclà 3–5 (Raval), tel. 933 18 23 25, metro: Catalunya, dag. 18–24 uur, hoofdgerechten vanaf € 7,50. De vele stierengevechtposters hebben inmiddels een dik patina gekregen. Sinds mensenheugenis is Los Toreros ontmoetingsplaats van gewone mensen uit de buurt; ze komen ook naar dit adres om voor weinig geld van echte Spaanse kost te genieten (bijv. *arroz a la cubana,* rijst met tomatenpuree, spiegelei en gebakken banaan).

Binnenplaats-idylle – RA: kaart 2, A 2, zie blz. 33.

Tapas

Tapaskoning – Cal Pep: kaart 2, E 4, zie blz. 57.

Schotel van zes – Cerveceria Catalana: F 3, Mallorca, 236 (Eixample), tel. 932 16 03 68, metro: Diagonal, ma–vr 8–24, za, zo vanaf 9 uur. In deze reeds lang gevestigde bierbar is er zo'n variatie aan goede tapas, dat het moeilijk is om te kiezen. U kunt het beste de schotel van zes nemen (€ 8) – en dan misschien nog één … Rond etenstijd is het hier altijd spitsuur.

Traditioneel zijn tapas simpele hapjes bij de wijn en ze worden nog steeds graag in een gezellige sfeer aan de bar verorberd

Baskische tapascultuur – **Euskal Etxea:** ▨ kaart 2, D/E 4, zie blz. 57.

Kleine maar fijne keten – **Lonja de Tapas:** ▨ kaart 2, D 4, Pla Palau 7 (Port Vell), tel. 932 68 72 58, www.lonjade tapas.com, metro: Barceloneta, dag. 12– 24 uur, Tapas tussen € 4 en € 6. Een verse keuken, variatie en een aangename sfeer hebben deze keten snel populair gemaakt (andere adressen: Pl. de les Olles 6; Placeta Montcada 5; Pl. Universitat 5).

Marktleider – **Pinotxo:** ▨ kaart 2, A 2, in de Boqueriamarkt, zie. blz. 33.

Comeback van klassiekers – **Tapaç 24:** ▨ F 4, Diputació 269 (Eixample), tel. 934 88 09 77, www.tapac24.com, metro: Pg. de Gràcia, dag. 8–24 uur, vanaf € 3.

Klassiekers als scherpe aardappels *(patatas bravas),* sardines of met olijfolie en tomaten besmeerd brood worden in het tapaslokal van ster-kok Carles Abellan gemaakt met de beste ingrediënten en een overstelpende smaak. Deze kleine kostelijkheden kosten hier echter te veel.

Toprestaurants

Nonchalant genieten – **Saüc:** ▨ E 2, Ptge. Lluis Pellicer 12 (Eixample), tel. 933 21 01 89, www.saucrestaurant.com, metro: Hospital Clinic, ma–za 14– 15.30, 21–23 uur, schotels vanaf € 25. Het pretentieloos ingerichte kleine restaurant loopt niet te koop met zijn charme. Wie hier eet, begrijpt echter meteen waarom de keuken een Michelinster heeft gekregen.

Helemaal boven – Specchio Magico: ▦ F 2, Lluís Antúnez 3 (Gràcia), tel. 934 15 33 71, FGC: Gràcia, ma–za 14–16, 21–23, zo 14–16 uur, zo-avond evenals aug., Kerstmis en Pasen gesl., hoofdgerechten vanaf € 28. Een hoog in Gràcia gelegen trattoria op hoog culinair niveau, die in een eenvoudige sfeer echte culinaire magie op tafel zet.

Elegante designtempel – Tragaluz: ▦ F 3, Ptge. de la Concepció 5 (Eixample), tel. 934 87 06 21, www.grupotragaluz.com, metro: Pg. de Gràcia, dag. 13.30–16, 20.30–24 uur, schotels vanaf € 20. Dit in het begin van de jaren negentig geopende restaurant heeft in Barcelona gastronomische geschiedenis geschreven. De reden hiervan is niet zozeer de keuken, al is die zeer goed en toch betaalbaar, maar de binnenhuisarchitectuur. De elegantie van de inrichting is niet pompeus of beklemmend, maar licht en ontspannen. Op de begane grond kunt u snel eten, maar op de bovenste verdieping gaat op zomeravonden het glazen schuifdak open en ontstaat zo een dakterras. De website geeft niet alleen de eerste indrukken van dit design-monument, maar geeft ook informatie over de andere restaurants van deze kleine groep, waar oog en gehemelte in gelijke mate aan hun trekken komen.

Trendy

'Acogedor' is Spaans voor 'gezellig' – En Ville: ▦ kaart 2, A 1, zie blz. 44.

Hoogstaande fusion – Comerç 24: ▦ kaart 2, F 2, Comerç 24 (Ribera), tel. 933 19 21 02, www.comerc24.com, metro: Arc de Triomf, di–vr 13.30–15.30, 20.30–23.30, za 20.30–23.30 uur, schotels en tapas vanaf € 20. Met zijn elegant ingericht restaurant, waar hij tapas creeert uit internationale ingrediënten, is Ferran-Adrià-leerling Carles Abellán een prominente kok geworden.

Romantisch 1 – El Cafetí: ▦ E 6, Sant Rafael 18 (Raval), tel. 933 29 24 19, www.elcafeti.com, metro: Liceu, dag. 13.30–15.30, 20.30–23.30 uur, in aug. gesl., menu € 25, lunchmenu € 12. Hier zijn gedurende de afgelopen 20 jaar bij heerlijke (goedkope) Catalaanse gerechten en kaarslicht vermoedelijk veel huwelijksaanzoeken gedaan. Dit is de ideale plek om als bezoeker op de eerste dag kennis te maken met de stad of op de laatste dag sfeervol afscheid te nemen.

Romantisch 2 – El Pla: ▦ kaart 2, C 3, Bellafila 5 (Ciutat Vella), tel. 934 12 65 52, www.elpla.cat, metro: Jaume I, dag. 19.30–24 uur, menu de degustation € 29. Dit nog jonge restaurant heeft zich met zijn liefdevol bereide Catalaans-mediterrane keuken en de kaarslichtsfeer onder de gewelven snel geliefd gemaakt. Wie informeel of in het voorbijgaan een klein gerecht of tapas wil eten, bezoekt de met het restaurant verbonden bar El Pla.

Tortilla's, Pop-Art en de creatieve scene – Flash Flash: ▦ F 2, Granada del Penedès 25 (Gràcia), tel. 932 37 09 90, www.flashflashtortilleria. com, FGC: Gràcia, dag. 13.30–17, 20.30–1.30 uur, menu vanaf € 17. Dit al in 1970 geopende lokaal heeft de pop-art-decoratie van de fotograaf en mede-oprichter Leopoldo Pomès onveranderd gelaten. In dit generaties overstijgende trefpunt van de creatieve scene van Barcelona zijn er meer dan 70 tortillavarianten en fantasievol belegde broodjes hamburger te krijgen.

Legendarisch gezellig gewelf – Pla de la Garsa: ▦ kaart 2, E 3, Assaonadors 13

(Ribera), tel. 933 15 24 13, Raval, www.pladelagarsa.com, metro: Jaume I, dag. 20–1 uur, hoofdgerecht vanaf € 15. In een paardenstal uit de 16de eeuw huist al meer dan 30 jaar deze sfeervolle combinatie van wijncafé, restaurant en tapaslokaal. De kleine steeg waarin het ligt is niet makkelijk te vinden, maar de speurtocht is de moeite waard. Wat er ook op tafel komt uit de Catalaans beinvloede keuken van dit restaurant, het is altijd uitgesproken lekker. Het kroegachtige karakter van het lokaal maakt het erg verleidelijk om er lang te blijven zitten.

Typisch Barcelona

Tot de literatuur verheven – **Casa Leopoldo:** ■ E 6. Deze gelegenheid, rijk aan traditie, verwent haar gasten met het beste wat de Catalaanse keuken te bieden heeft. Voor meer informatie zie blz. 48.

Domweg heerlijk – **Espai Sucre:** ■ kaart 2, E 3, Princesa 53, local 2 (Ribera), tel. 932 68 16 30, www.espaisucre.com, metro: Jaume I, di–do 21–23.30 uur, vr, za twee reserveringsronden: 20.30 en 23 uur, menu ca. € 35. Dit kleine restaurant met tien tafels is een must voor fans van zoetigheden. Hier – en nergens anders in Spanje – bestaan de menu's alleen uit desserts. Soepen en salades staan echter ook op de kaart. Vanzelfsprekend behoren ook zoete desserts als gedroogde vruchten en vers fruit erbij.

Coca zonder cola – **L'Antic Bocoi del Gòtic:** ■ kaart 2, E 4, Baixada de Viladecols 3 (Barri Gòtic), tel. 933 10 50 67, www.bocoi.net, metro: Jaume I, ma–za 20.30–24 uur, feestdagen gesl., tapas vanaf € 4, hoofdgerechten vanaf ca. € 13. Het restaurant is vernoemd naar het stuk van de gotische stadsmuur dat binnen te zien is. Onder een slechts met kaarsen verlicht gewelf krijgt u typisch Catalaanse gerechten, bijv. stokvis met tomaten, salade met gerookte vis en coca, een soort dunne, met groente belegde pizza. Reserveren echt nodig! Bij de koffie kunt u de zelfgemaakte zoetigheden proberen.

Veel vips – **Los Caracoles:** ■ kaart 2, B 4, Escudellers 14 (Ciutat Vella), tel. 933 02 31 85, www.loscaracoles.es, metro: Liceu, dag. 13–24 uur, hoofdgerechten vanaf € 16. Aan de wanden van dit folkloristisch ingerichte adres hangen foto's van koningen, ministers en kunstenaars die hier al te gast zijn geweest. Naast de specialiteit waar het restaurant naar vernoemd is, slakken, staan er talrijke Catalaanse en Spaanse gerechten op de kaart.

De wegbereider – **Senyor Parellada:** ■ kaart 2, D 3, Argenteria 37 (Ribera), tel. 933 10 50 94, www.senyorparellada.com, metro: Jaume I, dag. 13–16, 20.30–24 uur, schotels vanaf € 17. Het stijlvolle restaurant is in een gasthuis uit de 19de eeuw ondergebracht. Hier begon men midden jaren tachtig de Catalaanse keuken te verfijnen, zonder die daarbij te vervalsen. Dat wordt beloond met de niet aflatende waardering door zowel de Barcelonezen zelf als ook door de bezoekers van de stad

Tijdloos mooi – **Set Portes:** ■ kaart 2, D 5, Pg. Isabell II 14 (Port Vell), tel. 933 31 92 950, www.7portes.com, metro: Barceloneta, dag. 13–1 uur, schotels vanaf € 16. Hier toont de keuken al meer dan honderd jaar aan de gasten wat de zee aan heerlijks te bieden heeft. Het restaurant kreeg nog in 2009 daarvoor de 'Nationale prijs voor de traditionele keuken'. Vooral de vele rijstgerechten (ook de paella-variaties) zijn onovertroffen. De ingetogen stijlvolle en gezellige sfeer wordt bepaald door het warme licht van de grote lampenkappen en het royale meubilair. Er is nauwelijks een film over Barcelona die deze sfeer niet verwerkt in een scène. Ondanks het grote aantal gasten uit alle windstreken is het restaurants iets bijzonders gebleven. Ook als u maar korte tijd in Barcelona bent, mag u deze gelegenheid niet missen.

Vegetarisch

Groot buffet – **Biocenter:** ▨ kaart 2, A 1, Pintor Fortuny 25 (Raval), tel. 933 01 45 83, www.vegetarianobarcelona.com, metro: Liceu, ma–za 13–23, zo 13–17 uur, schotels vanaf € 9. Dit centraal gelegen vegetarische restaurant is vanwege zijn grote buffet erg geliefd. Een paar huizen verder (Pintor Fortuny 32, www.hortet.es) is restaurant L'Hortet een andere mogelijkheid om vegetarisch te eten.

Stuk voor stuk proberen – **Cuines Santa Caterina:** ▨ kaart 2, D 2, Av. Francesc Cambó 16 (Ribera), tel. 932 68 99 18, www.cuinessantacaterina.com, metro: Jaume I, dag. ontbijt 8–12, lunch 13–16, avondeten 20–23.30 uur, hoofdgerechten vanaf € 16. Dit ingetogen-chic ingerichte marktrestaurant wordt gedreven door de Tragaluzgroep, die in de afgelopen 20 jaar naam gemaakt heeft met haar verse en fantasievolle keuken. Het grote buffet heeft zich ontwikkeld tot een geliefd trefpunt van vegetariërs.

Kleine woonkamer – **Venus:** ▨ kaart 2, B 4, Avinyo 25 (Barri Gòtic), tel. 933 01 15 85, metro: Liceu, dag. 12–24 uur, vanaf € 7. De ook als galerie dienende kleine ruimte is vanwege de niet opdringerige, vriendelijke sfeer en de heerlijke, overwegend vegetarische kleine gerechten (groentelasagna!)

alom populair. In de zomer kunt u door de open deur de drukte op de Carrer Avinyo gadeslaan.

Vis- en schaaldieren

Plus het ruisen van de zee – **Escribà El Xiringuito:** ▨ K 7, Litoral Mar 42 (Port Olímpic), tel. 932 21 07 29, www. escriba.es, metro: Llacuna, di–vr 13–16.30, za, zo tot 17.30, juni–sept. ook 21–23.30 uur, ma en zo 's avonds gesl., schotels vanaf € 15. Een nieuw trefpunt aan het strand voor de lokale elite. De eigenaren behoren tot de lunchroom-dynastie Escribà en de kaart komt van Carles Abellán, die ondertussen de topkeuken van Bravo 24 leidt, restaurant van het spectaculaire zeehotel W Barcelona.

Paellaspecialist – **Cheriff:** ▨ G 7, Ginebra 15 (Barceloneta), tel. 933 19 69 84, metro: Barceloneta, di–za 13–16, 20–23, zo 20–23 uur, 25 dec. en 6 jan. gesl., voor vis en schaaldiergerechten moet u op € 30 of meer rekenen. Dit lokaal in de havenwijk – een traditionele combinatie van visrestaurant en bar – zou een van de beste paellarestaurants van de stad zijn.

Beste calameres – **El Suquet de l'Almirall:** ▨ G 8, Pg. Juan de Borbón 65 (Barceloneta), tel. 932 21 62 33, metro: Barceloneta, di–za 13–16, 21–23, zo 13–16 uur, twee weken in aug. gesl., visgerechten vanaf ongeveer € 20. Deze vriendelijke familiezaak in de havenwijk van Barcelona is in de hele stad bekend dankzij haar voortreffelijke verse, knapperige *calameres a la romana*.

Gamba's per gewicht – **La Paradeta:** ▨ kaart 2, F 3, Comercial 7 (Ribera), tel. 932 68 19 39, www.laparadeta.com, metro: Jaume I, di–do 20–23.30, vr 20–24, za, zo 13–16 uur, prijs naar gewicht. In de sfeer van een kleine

Escribà El Xinringuito bereidt heerlijke visgerechten – onder ieders ogen

markthal vindt u hier vis en schaaldieren voor eerlijke prijzen. Het principe: de gasten zoeken op een grote 'marktkraam' uit waar ze zin hebben. Het eten is van kiloprijzen voorzien en wordt afgewogen. Dan komen de fruits de mer op de kookplaat. Deze soort marktkeuken is snel populair geworden en heeft ondertussen filialen gekregen in andere stadswijken.

Winkelen

Wat is waar?

Of het nu gaat om antiek, design, kunstnijverheid, mode, delicatessen of gewoon rariteiten – de kleine winkels spelen in Barcelona nog altijd een grote rol. Tot de niet zo interessante warenhuizen behoren de Corte Inglés en de Galerie Triangle, beide aan de Plaça de Catalunya. Winkels kijken zonder de bedoeling iets te kopen is vooral leuk in de volgende straten van de oude stad: Portaferrissa, del Pi, de la Palla, Pelai en recentelijk ook Avinyó.

In Eixample zijn de winkels in de regel duidelijk een streepje chiquer en duurder. Talloze winkels zijn er aan de Passeig de Gràcia en de Rambla de Catalunya. De laatste tijd groeit het winkelbestand ook in de wijk Raval (tweedehands spullen, muziekboeken, hippe mode) en Ribera/Born (mode, design en kunst) sterk.

Vooral in de mode heeft Barcelona de laatste jaren internationaal naam gemaakt. Merken als Custo, Mango of Camper zijn overal bekend. Daarbij komt nog een hele serie jonge mode-ontwerpers, onder wie Norman Vilata, Josep Font en Jean Pierre Bua.

In de straten Palla, Pietat en Banys Nous in de oude stad zit een serie antiekzaken. Traditionele kunstnijverheid is er in de stad nog nauwelijks te vinden en heeft ondertussen een musele status gekregen (zie bij het Centre Artesania Catalunya, blz. 102). Echter, in het Poble Espanyol op de Montjuïc kunt u ongeveer veertig ambachtslieden

gadeslaan bij hun arbeid. Een overzicht over de grote kunstgaleries van de stad kunt u raadplegen op het webadres www.galeriescatalunya.com.

De website www.bcntiendas.com is een actuele verzameling van meer dan 1000 winkeladressen.

Openingstijden en prijzen

In de regel zijn de openingstijden 10–14, 16.30–20, za tot 14 uur. Warenhuizen en winkelcentra blijven open zonder middagpauze: ma–za tot 21 respectievelijk 22 uur.

Barcelona is duur. Een oud Spaans spreekwoord, dat wil dat men 'zijn zakken goed gevuld moet hebben, als men deze stad bezoekt', heeft zijn geldigheid nog altijd niet verloren. Daarvoor krijgt u in de regel echter goede kwaliteit. Bij de uitverkoop *(rebaixes)* in juli en augustus, respectievelijk februari, profiteert u vooral in de warenhuizen van kortingen tot wel 70 procent.

Goed om te weten

De grote en goed voorziene museumwinkels worden vaak over het hoofd gezien. Zo zijn er aan het CaixaFòrum (p. 78), de Fundació Tàpies (p. 78), de Fundació Joan Miró (p. 68) en het Museu Picasso (p. 52) museumwinkels verbonden waar u behalve boeken over kunstenaars een bijzonder groot aanbod aan mooie reproducties, ansichtkaarten en smaakvolle cadeaus kunt vinden.

Boeken en cd's

Duitstalige boeken – Alibri Llibreria:
■ F 4, Balmes, 26 (Eixample), tel. 933 17 05 78, www.alibri.es, metro: Universitat, ma–vr 9.30–20.30, za 10–20.30 uur (geen middagsluiting). Een boekenzaak die rijk is aan traditie en Duitse wortels heeft. Daarom is er ook een ruime keus aan Duitstalige literatuur aanwezig.

Gerenommeerd – Discos Castelló: ■ kaart 2, B 1, Tallers 3 en 9 (Raval), tel. 933 02 59 46, www.castellodiscos.com, metro: Catalunya, ma–za 10–20.30 uur. Al honderd jaar gaat er opgenomen muziek over de toonbank van deze zaak. In het huis op nr. 3 bevindt zich het beste assortiment klassieke cd's van de stad, op nr. 9 gaat het om pop, jazz, rock, hip hop enzovoort. En: er is ook ouderwets muziek op vinyl te koop!

Een hele etage met cd's – El Corte Inglés: ■ kaart 2, C 1, Portal de l'Angel 19–21, tel. 933 06 38 00, www.elcorteingles.es, metro: Catalunya, ma–za 10–22 uur. Op een van de verdiepingen van dit grote warenhuis is van klassiek tot techno alles vertegenwoordigd.

Boeken en multimedia – fnac: ■ F 5, Pl. de Catalunya 1–4, tel. 933 44 18 00, www.fnac.es, metro: Catalunya, ma–za 10–20 uur. In het winkelcentrum Triangle aan de Plaça de Catalunya heeft deze winkel een grote keus aan boeken, cd's, mobiele telefoons, muziekapparaten.

Een ideale combinatie – Laie: ■ G 4, Pau Claris 85 (Eixample), tel. 933 18 17 39, www.laie.es, metro: Urquinaona, ma–vr 10–21, za 10.30–21 uur. Een heerlijke combinatie van boekenwinkel en café. De nadruk ligt vooral op kunst en cultuur.

Cadeaus, souvenirs en design

Uitzondering – Artesania Catalunya: ■ kaart 2, B 3, Banys Nous 11 (Barri Gòtic), tel. 934 67 46 60, www.artesania catalunya.com, metro: Liceu en Jaume I, ma–za 10–20, zon- en feestdagen 10–14 uur. In het kunstcentrum (toegang gratis) kunt u een vaste tentoonstelling van regionale kunstnijverheid bekijken. Er zijn plannen voor een verkoopruimte.

Ruime keus – Art Escudellers: ■ kaart 2, A 4, Escudellers 23–25 (Ciutat Vella), tel. 934 12 68 01, www.es cudellers-art.com, metro: Liceu, ma–vr 10–20, za 10–14 uur. Een huis van meer verdiepingen met kunstnijverheid uit heel Spanje. Ongeveer 80 procent van het aanbod is echter afkomstig van massaproductie.

Origineel en goed – La Comercial Casa: ■ kaart 2, E 4, Bonaire 4 (Ribera), tel. 933 19 24 35, www.lacom ercial.info, metro: Barceloneta, ma–za 11–21 uur. Voor originele kleine meubels, huishoudelijke voorwerpen en accessoires is er in een smaakvol gerestaureerd huis in de oude stad een mooie verkoopruimte gevonden. Onder de naam La Comercial is er om de hoek een jonge damesmodezaak (Rec 52), evenals twee winkels met sportief-elegante herenmode (Rec 73 en Rec 77).

Mooie stoffen – L'Arca de l'Àvia: ■ kaart 2, B 2, Banys Nous 20 (Barri Gòtic), tel. 933 02 15 98, www.larca delavia.com, metro: Liceu, ma–za 11–14, 17–20 uur, twee weken in aug. gesl. Wie houdt van stoffen en borduurwerk, moet enige tijd uittrekken voor deze traditionele zaak. Er is een grote keus aan tafellinnen en allerlei historisch textiel.

Meubels en meer – **recdi8:** ■ kaart 2, D 3, Flor del Lliri 4 (Ribera), tel. 933 10 69 39, www.recdi8.com, metro: Jaume I, ma–vr 17–20 uur. Op dit adres in de oude stad is een huis verbouwd tot een aantrekkelijke showroom, waar u meubels, lampen en accessoires volgens elegant design kunt bewonderen.

Designwarenhuis – **Vinçon:** ■ F 3, zie blz. 61.

Delicatessen en levensmiddelen

Zoetigheden – **Bubo Born:** ■ kaart 2, D 4, Caputxes 10 (La Ribera), tel. 932 68 72 24, www.bubo.ws, metro: Jaume I, ma–za 11–19 uur. De chic ingerichte winkel verkoopt 'designerdesserts', om te bewonderen en om mee te nemen.

Chocoladejuweeltjes – **Cacao Sampaka:** ■ F 4, Consell de Cent 292 (Eixample), tel. 932 72 08 33, www. cacaosampaka.com, ma–za 9–21.15 uur. In het meermaals met prijzen bekroonde interieur van de winkel worden chocoladeproducten gepresenteerd zoals men dat elders doet met juwelen. Albert Adrià, broer van de internationaal bekend ster-kok, heeft deze chocoladeboetiek tot een daverend succes gemaakt. In de oude stad (Ferran 43–45) zit een klein filiaal.

Uit het klooster – **Caelum:** ■ kaart 2, B 2, zie blz. 50.

Koning van de kruiden – **Herboristeria del Rey:** ■ kaart 2, B 3, Vidre 1 (Ciutat Vella), tel. 933 18 05 12, metro: Liceu, di–vr 16–20, za 10–20 uur, twee weken in aug. gesl. Josep Vilá, die in 1823 de 'koninklijke kruidenwinkel' heeft gesticht, was de hofbotanicus van koningin Isabella II. Met zijn geschiedenis en meer dan 200 kruiden, respectievelijk specerijen, is deze winkel echt iets heel bijzonders.

De mooiste van het land – **Mercat de la Boqueria:** ■ kaart 2, A 2. De mooiste markthal van Spanje is al op blz. 30 beschreven. Uitgebreide informatie over andere levensmiddelenmarkten kunt u vinden op de website www.mercats bcn.com (incl. Engelstalige versie).

Art nouveau en delicatessen – **Múrria:** ■ G 3, Roger de Llúria 85 (Eixample), tel. 932 15 57 89, www.murria.cat, metro: Pg. de Gràcia, ma–za 10–14, 17–21, za 9–14 uur. Dit art-nouveauhuis met zijn interieur dat aan winkels met koloniale waren herinnert, is al heel lang een trekpleister voor Catalanen die van het goede leven houden. Veel delicatessen uit de regio, vooral een ruime keus aan kaas en wijn.

Patisseriekampioen – **Pasteleria Escribà:** ■ kaart 2, A 2, zie blz. 30.

Zoete dromen – **Pastelería Hofmann:** ■ kaart 2, E 4, Flassaders 44 (Ribera), tel. 932 68 82 21, www.hofmann bcn.com, metro: Jaume I, di, wo 9–14, 15.30–20, do–za 9–14, 15.30–20.30, zo 9–14.30 uur. Het nieuwste project van Mey Hofmann. Na de ontwikkeling van een succesvolle kookschool en de stichting van een fijnproeversrestaurant heeft de Grande Dame van het koken en bakken in Barcelona nu ook een patisserie geopend. Wat hier aan witte chocolade te koop is, is onovertroffen.

Allemaal kaas – **Tot Formatge:** ■ kaart 2, E 4, Pg. del Born 13 (Ribera), tel. 933 19 53 75, metro: Jaume I, ma–vr 9.30–14, 16–19.30, za 10–14 uur. Een parel onder de kaaswinkels. Dankzij kleine proefbordjes kunt u met veel regionale kazen kennismaken.

Gitaren

Populaire instrumenten – **Casa Luthier:** ■ F 3, Balmes 73 (Eixample), tel. 934 54 15 78, www.casaluthier.com, metro: Pg. de Gràcia, ma–vr 9.30– 13.30, 16.30–20 uur. Een niet alleen bij kunstenaars populair adres voor klassieke concertgitaren. Deze bekende muziekwinkel verkoopt ook accessoires en bladmuziek.

Lange traditie – **Casa Parramon:** ■ kaart 2, A 1, Carme 8 (Raval), tel. 933 17 61 36, www.casaparramon.com, metro: Liceu, ma–vr 9–13.30, 16– 19.30, za 9–13 uur. Op dit traditierijke adres worden al sinds 1897 snaarinstrumenten gebouwd. Uitgebreid advies hoort bij de service.

Ook tweedehands – **Guitar Shop:** ■ F 5, Tallers 27 (Raval), tel. 934 12 19 19, www.guitarshop.es, metro: Catalunya, di–za 10–14, 16.30–20.30 uur. Het grote assortiment van deze winkel, die in dezelfde straat onder de huisnummers 46 en 61 nog een paar verkoopadressen heeft, omvat onder andere tweedehands gitaren.

Mode en accessoires

Betaalbare elegantie – **Adolfo Domínguez:** ■ F 4, Pg. de Gràcia 32 en 89 (Eixample), tel. 934 87 41 70, www. adolfodominguez.es, metro: Pg. de Gràcia ma–za 10–20 uur. Een geliefd adres voor iedereen die van klassiek-elegante herenmode houdt, maar die daarvoor geen vermogen wil uitgeven.

Gezocht – **Camper:** ■ F 5, Pelayo 13– 37 (in het winkelcentrum Triangle aan de Pl. de Catalunya), tel. 933 02 41 24, www.camper.com, metro: Catalunya, ma–za 10–22 uur. Het modieuze schoenenmerk uit Majorca heeft ook enkele filialen in Barcelona. Goede dames- en herenschoenen zijn hier goedkoper dan in eigen land (vlakbij: Portal de l'Angel 36).

Lenteachtig – **Como agua de Mayo:** ■ kaart 2, D 3, Argenteria 43 (Ribera), tel. 933 10 64 41, ma–za 10-20.30 uur. Hoeden uit Parijs, schoenen uit Milaan en nog meer internationale damesmode voor gemiddelde prijzen.

Wereldberoemd – **Custo Barcelona:** ■ kaart 2, E 4, Pl. Les Olles 7 (Ribera), tel. 932 68 78 93, www.custo-barcelona.com, metro: Barceloneta, ma–za 10–21 uur. Julia Roberts en andere vips dragen Custo Barcelona en hebben daardoor er mede voor gezorgd dat de overhemden en jeans van dit merk in de hele wereld bekend geworden zijn (filialen: Ferran 36 en Ramblas 120).

Spectaculair – **H&M:** ■ kaart 2, C 1, Portal de l'Angel 20–22 (Barri Gòtic),

Mooie cadeaus

Wie graag cadeautjes naar huis meebrengt die iets te maken hebben met Barcelona, kan op veel plekken iets van zijn gading vinden. In het **Chocolademuseum** (zie blz. 79) zijn mooi gevormde tabletten van goede chocolade te koop. In de vele **kunstgaleries** van de binnenstad is er een ruime keus aan klein grafisch en ander werk van kunstenaars, die vaak betaalbaar zijn. Uit een betoverende stad iets magisch meenemen, dat maakt **El Rei de la Màgia** (■ kaart 2, D 3, zie blz. 105) mogelijk.

tel. 901 12 00 84, www.hm.com, metro: Catalunya, ma–za 10–21.30 uur. Voor het aan het eind van 2008 geopende vlaggenschip van H&M heeft ster-ontwerper Javier Mariscal een oud stadspaleis met 1700 m² verkooopruimte zeer chic ingericht.

Met de hand gemaakt – **La Manuel Alpargatera:** ▇ kaart 2, B 3, Avinyó 7 (Ciutat Vella), tel. 933 01 01 72, www. lama nual.net, metro: Jaume I, ma–vr 9.30–13.30, 16.30–20 uur. Hier kunt u al sinds 1910 met de hand vervaardigde espadrilles (schoenen van hennep) kopen.

Vintage – **Le Swing:** ▇ kaart 2, E 3, Rec 16 (Ribera), tel. 933 10 14 49, www. leswingvintage.com, metro: Jaume I, ma–za 11–14.30, 17–21 uur. Een exclusieve en tegelijkertijd grappige winkel met tweedehands mode en accessoires uit diverse decennia. Filialen: Magdalena 11 (Barri Gòtic).

Born in Born – **Vialis:** ▇ kaart 2, E 4, Vidrieria 15 (Ribera), tel. 933 19 94 91, www.vialis.es, metro: Barceloneta, ma–za 10.30–14, 17–20 uur. Hier zijn tassen en damesschoenen van uitmuntende materialen en in gedurfd design te koop. Vialis, in de jaren na 1900 gesticht in de kunstenaarsscene van de wijk Born, heeft inmiddels ook vestigingen in Madrid, Paris en Berlijn (filiaal: Elisabets 3, Raval).

Goedkope keten – **Zara:** ▇ F 5, Pg. de Gràcia 16 (Eixample), tel. 933 18 76 75, www.zara.com, metro: Pg. de Gràcia, ma–za 10–21 uur. Dames-, heren- en kindermode – een internationaal succesvolle modeketen van Galicische herkomst. Deel van het succes is het prijsbeleid. Filialen in de stad: Portal de L'Angel 11–13 en 32–34, Pelai 30.

Jonge designmode – **Zsu-Zsa:** ▇ kaart 2, E 4, Esparteria 16 (Ribera), tel. 932 95 66 59, www.zsuzsa.es, metro: Barceloneta, ma, di 17–19, wo–za 11.30–14.30, 17–21 uur. Gematigde prijs voor jonge designermode, die voor een deel exclusief voor de winkel in de Riberawijk gemaakt wordt.

Vlooien- en kunstmarkten

Aan de haven – **Brocanters del Port Vell:** ▇ F 7, Moll Drassanes 1 (Port Vell), tel. 933 17 61 35, metro: Drassanes, za, zo 11–21 uur. Aan de voet van de Columbuszuil kunt u tussen heel veel gebruikte spullen ook een paar antieke dingen ontdekken.

Van alles wat – **Oude boekenmarkt Mercat de Sant Antoni:** ▇ D 5, Comte d'Urgell 1 (Raval), tel. 934 23 42 87, www.mercatsbcn.com, metro: Sant Antoni, zo 8–14 uur. Ook zonder kennis van het Spaans is dit genieten: behalve boeken zijn hier oude ansichtkaarten, posters, strips, fotoalbums en kalenders. Bij het snuffelen kunt u op een heel bijzondere manier de geschiedenis en het karakter van Barcelona leren kennen. Boven lokken de bars rond de markt voor een sfeervolle pauze. Deze ervaring maakt veel meer indruk dan een bezoek aan de beroemde vlooienmarkt Encants (Plaça de les Glòries), die de laatste jaren is veranderd in een markt voor goedkope huishoudelijke artikelen en zijn oorspronkelijke charme als goudmijn van mooie vondsten verloren heeft. Voor 2011 zijn er plannen om de vlooienmarkt Encants langs het Teatre Nacional de Catalunya (▶ J–K 4) te houden.

Mooie stemming – **Muestra de pintura:** ▇ kaart 2, B 2, Pl. del Pi (Barri Gòtic), metro: Liceu, za 10–20.30, zo 10–15 uur. Deze kleine markt voor amateurkeunst

Als u gaat pakken, laat dan nog wat ruimte in uw koffer over – Barcelona is een van de voornaamste modesteden van Europa

vindt plaats op een van de mooiste pleinen in de binnenstad (zie blz. 51) .

Vreemd en zeldzaam

Hocuspocus – **El Rei de la Màgia:**
Kaart 2, D 3, Princesa 11 (Ribera), tel. 933 19 73 93, www.elreidelamagia.cat, metro: Jaume I, ma–vr 11–14, 17–20, za 11–14 uur, 2 aug.–midden-aug. gesl. Een klein winkeltje, dat al sinds het jaar 1881 niet alleen kinderen versteld doet staan. Hier kunt u de accessoires voor kleine en grote goocheltrucs kopen. Wie een ongewoon souvenir wil meebrengen, is hier op het juiste adres. Het vriendelijke personeel legt ook graag in het Engels uit hoe de trucs werken.

Bonbonière – **papabubble:** Kaart 2, **C 4/5**, Ample 28 (Ciutat Vella), tel. 932 68 86 25, www.papabubble.com, metro: Jaume I, ma–vr 10–14, 16–20.30, za 10–20.30 uur. Deze 'werkplaats' voor bonbons (en andere zoetigheden) is in korte tijd zo succesvol geworden, dat het de vraag naar filialen in Tokio en New York niet kon weerstaan.

Uitgaan

Tot in de kleine uurtjes en later

Met meer dan vijfhonderd muziekbars, clubs, avondcafés, wijnbars, disco's, flamencopodia, jazzkelders en danszalen pronkt Barcelona met meer uitgaansmogelijkheden dan veel Europese landen. Vooral in het weekeinde vindt het nachtleven inderdaad ook diep in de nacht plaats: de clubs en discotheken in de uitgaansbuurten van Eixample (vooral in de straten Aribau, Balmes en Muntaner), in de oude stad en rond de Plaça Reial, in Born en Raval alsmede aan de Olympische haven en op de Montjuïc vullen zich op vrijdag en zaterdag pas na twaalven en ze raken niet leeg voor de vroege ochtend.

Brandpunten van het nachtleven

Het karakter van de uitgaanswijken kunt u ruwweg volgens de volgende categorieën onderverdelen: in Eixample gaan grotendeels de *beautiful people* uit, wier levensstijl in bijna alle actuele Barcelonaromans gekarikaturiseerd wordt. In Born/Ribera alsmede in Raval vindt u eerder de subculturen, terwijl het er aan de Olympische haven meer toeristisch aan toe gaat. Aan het nieuwe stadsstrand schieten clubs als paddenstoelen uit de grond, maar ze veranderen door de wisselende modes vaak van naam en pachter. Ze ontvangen een jong publiek, dat veel geld uitgeeft aan veel alcohol. In het Poble Espanyol op de Montjuïc zijn nachtvlinders van alle leeftijden actief tot in de vroege ochtend.

Opera, theater en concert

Ook reusachtig is het aanbod van concerten en opera- en theatervoorstellingen. Of het nu is in het grote operagebouw Liceu, het prachtig vormgegeven Palau de la Música, de jazzkelders, cabaretpodia of in de grote theaters, de voorstellingen volgen het tijdschema van Midden-Europa en ze beginnen in de regel tussen 20 en 21 uur.

Tot de interessante nieuwtjes van het uitgaans- en amusementsaanbod van Barcelona behoren de vele kleine en meestal ingetogen zomernachtconcerten, die plaatsvinden in museumtuinen, op binnenplaatsen en in de parken. Enkele voorbeelden daarvan zijn de 'Noches de verano' in de tuin van het Palau Robert (zie blz. 79, 112) of de 'Noches de música' in de Miro-stichting (zie blz. 68). Ook in de grote parken van de Montjuïc (openluchttheater Teatre Grec) en in het Ciutadella-park vinden sfeervolle zomerconcerten plaats. Ze worden aangekondigd in de evenementenkalenders of u kunt ernaar vragen bij de toeristeninformatie.

Evenementenmagazine en websites

Op donderdag verschijnt de evenementenagenda 'guía del ocio'. Dit bij elke kiosk verkrijgbare kleine magazine geeft voor de hele week een overzicht van de voorstellingen en concerten. In veel bars en clubs liggen bovendien flyers en andere aankondigingen van evenementen.

Goede en betrouwbare websites met actuele informatie over het nachtleven zijn: www.atiza.com (info over alles wat er gaande is in de muziek- en discoscene van Barcelona, online tickets voor allerlei muziekevenementen; Spaans) www.guiadelociobcn.com (online-versie van de wekelijks verschijnende evenementenagenda, Spaans) en www.bcn-nightlife.com (Spaans).

Het theater- en concertaanbod kunt u grotendeels vinden bij de gemeentelijke informatiedienst www.bcn.es/icub (Spaans, Catalaans, Engels). Op de website www.fundaciomasimas.org (Spaans, Catalaans, Engels) is een reeks aan goede concerttips te vinden op de gebieden jazz en klassiek (met online ticketverkoop). Met www.tallerdemusics.com (Spaans, Catalaans, Engels), de website van een grote particuliere muziekschool, beschikt u over nog een interessante website die wetenswaardige informatie te bieden heeft over de de jazzevenementen en de concertscene van Barcelona. De site www.ottozutz.com geeft informatie over een kleine keten van clubs en discotheken die in de afgelopen jaren steeds behoord heeft tot de favorieten in het nachtleven.

Kaartverkoop en prijsniveau

Centrale voorverkoopadressen van tickets zijn er in Barcelona nog niet. Veel organisatoren van evenementen bieden op hun websites de mogelijkheid om tickets aan te schaffen in de voorverkoop. Het prijsniveau loopt heel sterk uiteen en is gebaseerd op de bekendheid van de musici. Tickets voor een wedstrijd van FC Barcelona zijn nauwelijks voor een bedrag van minder dan € 50 te koop.

Cafés en kroegen

Veteraan – **Casa Almirall:** ■ E 5, Joaquín Costa 33 (Raval), tel. 933 18 99 17, metro: Universitat, dag. 19–3 uur. Deze sinds 1860 bestaande bar is een paar jaar geleden gerenoveerd. Achter in de zaal kunt u op een gemakkelijke sofa of stoel van een cocktail genieten. Voorin heerst de typische sfeer van een typisch hoekcafé. Op de achtergrond speelt aangename muziek, meestal jazz.

Picasso en vrienden – **Els Quatre Gats:** ■ kaart 2, C 1, Montsió 3 (Ciutat Vella), www.4gats.com, metro: Urquinaona, dag. 10–2 uur. Het in 1897 geopende lokaal toont de architectonische signatuur van de modernistische architect Puig i Cadafalch. Net als het Parijse voorbeeld ervan, Le Chat noir, werd het adres al snel na de opening een ontmoetingsplek en expositieruimte voor kunstenaars. Picasso ontwierp voor Els Quatre Gats de vignetten en had als 19-jarige beginner hier zijn eerste exposities. Tegenwoordig is het een populair ontmoetingspunt voor wie zin heeft in een glas wijn met vrienden.

Cool – **Icebarcelona:** ■ J 7, Ramón Trias Fargas 2 (Port Olímpic), tel. 932 24 16 25, www.icebcn.com, metro: Ciutadella/Vila Olímpica, dag. 16–2.30 uur, entree € 15. Bij -2 tot -10 °C blijven de gasten zelden langer dan 45 minuten in de wereld van de enige 'ijsbar aan het strand'. In de prijs is een drankje inbegrepen, evenals een jack en handschoenen.

Een instituut – **London Bar:** ■ E 6, Nou de la Rambla 34 (Raval), tel. 933 18 52 61, metro: Liceu, di–za 20–3.30 uur. Authentiek, niet-pretentieus, open voor iedereen – jammer dat de honderdjarige London Bar onlangs de vergunning voor livemuziek kwijtraakte. Het blijft te hopen dat het kleine podium snel weer in ere hersteld zal worden.

Stadslichtjes aan uw voeten – **Mirablau:** ■ buiten F 1, Pl. Dr. Andreu s/n (Tibidabo), www.mirablaubcn.com, FFCC: Av. del Tibidabo, dag. 11–4.30 uur. Een van de mooiste avondbars. De grote, hoog op de berg gelegen zaal beschikt over een reusachtig panoramavenster dat het mogelijk maakt om met uw cocktail in de hand van het uitzicht op de lichtjes van de stad te genieten.

30 en ouder – **Miramelindo:** ■ kaart 2, **E 4.** De naam van deze gezellige avondbar zegt veel: 'Kijk me mooi aan'. Informatie zie blz. 57.

De jonge scene – **Rita Blue:** ■ kaart 2, A 2, Pl. Sant Agustí 3 (El Raval), www. ritablue.com, metro: Liceu, dag. 20–1 uur. Deze avondbar met bijbehorend restaurant is het ontmoetingspunt voor een jong publiek. Bij zomerse temperaturen kunt u op het terras genieten van de sfeer van het voormalige kloosterplein.

Gotisch gewelf – **Va de Vi:** ■ kaart 2, **D 3/4,** Banys Vells 16 (Ciutat Vella), tel. 933 19 29 00, metro: Jaume I, di–vr 18–1, vr, za 18–3 uur. Onder een sfeervol keldergewelf hebt u er een ruime keus aan wijnen en kaassnacks. Een goede plek voor een avond met z'n tweetjes.

Cava-cult – **Xampanyeria C. Paixano:** ■ G 7, Reina Cristina 7 (Port Vell), tel. 933 10 08 39, metro: Ciutadella, dag. 9–22.30 uur. Een kleine bar, die vanwege zijn goedkope cava's (€ 1 of 2 al naar gelang de hoeveelheid die u bestelt) altijd druk bezocht wordt. Hier kunt u zich onbekommerd onder de mensen mengen.

Cava voor iedereen – **Xampanyet:** ■ kaart 2, **D 3.** Een volkse cavabar in de beste zin van het woord. Meer informatie vindt u op blz. 54.

Clubs en discotheken

Dansen aan het strand – **Carpe Diem Lounge Club:** ■ H 8, Pg. Marítim 32 (Port Olímpic), www.cdlcbarcelona. com, metro: Ciutadella, dag. 21–3 uur. Een stijlvolle, zeer populaire nachtclub met meerdere dansvloeren en een grote strandbar. Het zou het favoriete adres zijn van de voetbalsterren van Barça.

Exclusief – **Elephant:** ■ buiten C 1, Pg. dels Tiŀlers 1 (Les Corts), www.elephantbcn.com, metro: Palau Reial, do–za 23.30–5.30 uur. Het ziet er hier uit als in een Indiase paleistuin. Tussen palmen en fraaie bosjes vindt u grote zuilen en zitplekken. Ook al zijn de prijzen van de drankjes gepeperd (vanaf € 13), een bezoek aan deze club is toch een belevenis – maar alleen als het weer het toestaat om in de tuin te zitten.

Garageclub – **La Macarena:** ■ kaart 2, B 4, Nou de Sant Francesc 5 (Ciutat Vella), www.macarenaclub.com, metro: Liceu, ma–do 24–4.30, vr, za tot 5 uur. Vroeger speelden in deze garage in de oude stad een paar Andalusiërs hun flamenco. Nu huist er een officiele club met house en technomuziek. Vanwege de beperkte ruimte zijn er geen liveoptredens. Let op uw portefeuille of handtasje.

Een favoriet aan de haven – **LeKasBah:** ■ G 7, Pl. Pau Vila 1 (Port Vell), www.ottozutz.com, di–zo 22–3 uur. De aan de oude stadshaven gelegen club is eigendom van de succesvolle Otto Zutzgroep en is vooral bij studenten een favoriet in het nachtleven.

Hier danste moeder al – **Karma:** ■ kaart 2 A 3, Pl. Reial 10 (Ciutat Vella), www.karmadisco.com, metro: Liceu, di–zo 24–5 uur. De discokelder aan de Plaça Reial overleeft al tientallen jaren alle modes en trends. Hij hoort er gewoon bij in het nachtleven van de stad.

Voor elke leeftijd – **Otto Zutz:** ■ F 1, Lincoln 15 (Gràcia), www.grupo-ottozutz.com, FGC: Gràcia, wo–za 24–5 uur, entree € 15 incl. een drankje. De op drie etages van een voormalige textielfabriek ondergebrachte discoclub is

een van de betrouwbaarste adressen in het nachtleven. Beneden wordt er gedanst op funk, soul en house, op de galerijen kunt u bij fatsoenlijke muziek gewoon lekker zitten en kletsen.

Oude jonge fabriek – **Razzmatazz:** ■ K 5, Almogàvers, 122 (Poblenou), www.salarazzmatazz.com, metro: Marina, za, zo en voor feestdagen 1–6 uur, bij concerten ca. € 15 entree. Disco en liveconcerten op een oppervlakte van 4000 m² in een oude fabriek.

De uitgaans- en discoscene van Barcelona is kleurrijk en druk: de mensen krijgen er wat hun beloofd wordt

Gekoesterde danstraditie: de sardana

Voor deze **Catalaanse volksdans**, uitgevoerd in een kring, grijpen de mensen elkaars hand en maken een gecompliceerde reeks passen op de muziek van houtblazers. Toekijken en meedoen kunt u op de **Plaça Nova** (▶ kaart 2, C 2, Barri Gòtic, metro: Jaume I, feb.–juli, sept.–nov. za 18.30, zo 14 uur) en bovendien op de **Plaça de Sant Jaume** (▶ kaart 2, C 3, metro: Jaume I, zo 18 uur).

Grabbelton – **Sala Apolo:** ■ D 6. Informatie over dit multispektakel met livemuziek en dans vindt u op blz. 45.

Electro-scene – **Sala BeCool:** ■ D 1, Pl. Joan Llongueras 5 (Pedralbes), www.salabecool.com, metro: Hospital Clínic, do–za 10–5 uur, bij concerten € 12 incl. een drankje. Een concert- en discohal met meerdere zalen, waar electro-rock verplicht is. Hier treden geregeld lokale groepen op.

Disco-restaurant – **Sotavento Beach Club:** ■ H 7/8, Pg. Marítimo, 38 (Port Olímpic), www.sotaventobcn. com, metro: Ciutadella/Vila Olímpica, dag. 12–20 uur, terras als beachclub, 23–3 uur discoclub. Stijlvolle combinatie van restaurant en disco.

Gartenparty – **Terrrazza:** ■ A 5, Av. de Francesc Ferrer i Guàrdia s/n (Montjuïc), www.laterrrazza.com, mei–middenokt. do–za 24–6 uur, overige maanden gesloten. De bij het Poble Espanyol gelegen tuindiscotheek heeft door haar party's tot in de vroege ochtend voortdurend ruzie met mensen die zich gestoord voelen in hun nachtrust. De ruzies gaan door, maar de muziek ook.

Cocktailbars

Hemingways favoriet – **Boadas:** ■ kaart 2, B 1, Tallers 1 (El Raval), tel. 933 18 95, metro: Catalunya, ma–do 13–2, vr, za tot 3 uur. Oudste en meest stijlvolle cocktailbar van de stad. Hier kunt u

in de vroege avond of ook na een concert goed iets drinken. De Boadas was al het lievelingsadres van Hemingway toen hij in de jaren dertig in Barcelona verbleef (zie blz. 35).

Niet weg te denken – **Gimlet:** ■ kaart 2, E 3, zie blz. 57.

Campari en meer – **Milano Cocktail-Bar:** ■ F 4, Ronda Universidad 35 (Eixample), www.camparimilano. com, dag. 12–2.30 uur. Cocktails met campari staan in het middelpunt. Daarnaast zijn er in dit grootsteedse adres echter nog vele andere goede drankjes. De cocktailbar is een prettig ontmoetingspunt van intellectuelen uit Eixample.

Beste mojito – **Pile 43:** ■ kaart 2, B 4, Aglà 4 (Ciutat Vella), tel. 933 17 39 02, metro: Liceu, ma–za 19–2 uur. De mojito's smaken hier bijzonder goed. Alles wat u aan meubels en kleinere zaken uit de jaren vijftig tot zeventig in de bar ziet staan, kunt u meteen kopen.

Drijvende bar – **Vaixell Luz de Gas:** ■ G 7. Informatie zie blz. 41.

Concerten en opera

Symfonisch – **Auditori de Barcelona:** ■ J 4/5, Lepant 150 (Sant Martí), kaartjes tel. 902 10 12 12, vanuit het buitenland 0034 933 26 29 45, www.auditori. com (online-kaartverkoop), metro: Marina. De grote concertzaal is een onderdeel van het in de jaren negentig pompeus gebouwde cultuurcomplex naast de Placa de les Glòries Catalanes. De gehoorzaal is het vaste podium van het symfonieorkest van Barcelona en Catalonië. Behalve klassieke concerten is er ook jazz en folk.

Kunst en concert – **CaixaFòrum:** ■ B 5, een spectaculair expositiegebouw, waarin ook regelmatig concerten plaatsvinden. Nadere informatie zie blz. 78

Proberen – **Fundacio Mas I Mas:** ■ E 1, Maria Cubi 199 (St. Gervasi), tel. 933 19 17 89, www.fundaciomasimas.org, FFCC: St. Gervasi., dag. rond 18, 19 en 21 uur korte concerten met klassieke muziek, flamenco of jazz. Voor het voorproefje betaalt u € 5 entree. Ze moeten klassieke muziek populariseren en worden als zodanig ook gewaardeerd.

Trots van de stad – **Liceu:** ■ Kaart 2, A 3, Informatie over het operagebouw zie blz. 36.

Betoverend – **Palau de la Música Catalana:** ■ kaart 2, D 1, een concertzaal als een zee van kleuren en vormen. Informatie zie blz. 58.

Zomernachten – **Palau Robert:** ■ F 2, Pg. de Gràcia, 107 (Eixample), www.gencat.cat/probert/, metro: Diagonal, juli en aug. 20.30, 22 uur 'Noches de verano' (Zomernachten), concertseries die worden uitgevoerd in de sfeervolle tuin van het paleis.

Flamenco

De eerste – **Los Tarantos:** ■ kaart 2, A 3, Pl. Reial 17 (Ciutat Vella), www.masimas.com, metro: Liceu, dag. uitvoeringen 20.30, 21.30, 22.30 uur, € 7 entree. Een van de traditionele en aanbevelenswaardige flamencoadressen van Barcelona.

Meer iets voor zakenlieden – **Palacio de Flamenco:** ■ F 2, Balmes, 139 (Eixample), tel. 932 18 72 37, www.palaciodelflamenco.com, metro: Diagonal, ma–za uitvoeringen om 19.15 en 22.45 uur. Dit met een restaurant verbonden podium is meer gericht op amusement en ongecompliceerd vermaak.

Voor puristen – **Soniquete:** ■ kaart 2, B 4, Milans 5 (Ciutat Vella), tel. 933 51 87 57, metro: Jaume I, di–za 21–3 uur. Hoe later op de avond, des te meer komen de flamenco-puristen aan hun trekken. De kleine bar heeft bij liefhebbers van deze muziek een reputatie opgebouwd.

Toeristisch – **Tablao de Carmen:** ■ A/B 5, Av. de Francesc Ferrer i Guàrdia s/n (Montjuïc, Poble Espanyol), www.

Bioscopen

De meer dan 80 bioscopen van de stad staan met hun programma opgesomd in de donderdag verschijnende 'guía del ocio'. De veel reclame makende 3-D-bioscoop IMAX aan de oudste stadshaven vertoont slechts een beperkt aanbod aan films. In de zomer hebt u een interessante keuze aan films in de open lucht (bijvoorbeeld op de Montjuïc). In enkele bioscopen staan er regelmatig niet-nagesynchroniseerde versies met Spaanse ondertiteling op het programma, bijvoorbeeld in **Cinemes Verdi Park** (■ G 1, Carrer Verdi 32, Gràcia, www.cines-verdi.com, metro: Fontana).

tablaodecarmen.com, metro: Espanya, voorstellingen di–zo 19.30 en 22 uur. Toeristische shows, die vaak bestaan worden als afsluiting van een avond-wandeling door het Poble Espanyol.

Jazz en andere livemuziek

Jazzrestaurant – **Bel·luna:** ■ F 4, Rambla de Catalunya 5 (Eixample), www.bel-luna.com, metro: Catalunya, dag. jazzconcerten vanaf 22 uur, prijs afhankelijk van wie er speelt vanaf € 10. De combinatie van stijlvol restaurant en jazzkelder heeft veel trouwe fans.

Een veteraan – **Harlem Jazz Club:** ■ kaart 2, B 4, Comtessa de Sobradiel 8 (Ciutat Vella), www.harlemjazzclub. es, metro: Jaume I, ma–do eerste op-treden 22.30, tweede optreden 24 uur, vr, za 23.30, 1 uur, ma–do € 5, vr, za € 8, bij bijzondere concerten ook tot € 5 meer. In een van de oudste en beste jazzclubs van de stad zijn geregeld in-ternationale jazzgrootheden te gast. De entreeprijs is inclusief één drankje.

Jazz aan de Plaça Reial – **Jamboree:** ■ Kaart 2, A 3, Pl. Reial 17 (Ciutat Vella), www.masimas.com, metro: Liceu, dag. 22.30–5 uur, concertkaartjes € 25. Een van de populairste muziekpodia van de stad, met de beste artiesten. Dat Chet Baker hier optrad kan u een idee geven van de kwaliteit.

Barcelona homo en lesbisch

De internetadressen www.gaybarcelona.net (Spaans) en www.loschicles.com/gay-barcelona (Duits) geven een goed overzicht van uitgaansgelegenheden en ontmoetingspunten. Hier een paar tips:
Voor elk wat wils biedt **Arena Classic** (■ F 4, Diputació 233, Eixample, www.arenadisco.com, metro: Universitat, vr, za 0.30–5 uur). Een van de drie disco's met de voornaam 'Arena'. Muziek gericht op bezoekers van boven de 40, terwijl het nabijgelegen **Arena Madre** (■ F 4, Balmes 32, Eixample, www.arenadisco.com, metro: Universitat, open 0.30–5.30 uur) wordt bijna uitsluitend bezocht door jongere mannen. **Arena VIP** (■ F 4, Gran Via de les Corts Catalanes 593, Eixample, zelfde website, metro: Pg. de Gràcia, vr, za en voor feestdagen 0.30–6 uur) is ook geliefd in de homo- en lesbiennescene en gaat pas dicht na zonsopkomst.
Druk bezocht is ook **D-Boy** (■ G 5, Ronda Sant Pere 19–21, Eixample, tel. 933 18 06 86, www.dboyclub.com, metro: Urquinaona, vr–zo 24–6 uur, € 18,50 entree incl. een drankje). De prijzen in deze club zijn echter stevig. Een bijna uitsluitend homoseksueel publiek heeft de klassieker **Metro Disco** (■ E 4, Sepúlveda 185, Eixample, www.metrodiscobcn.com, metro: Universitat, ma–do 24–5, vr, za tot 6 uur, zo gesl.).
Vooral in het weekeinde is **Café Dietrich** (■ E 4, Consell de Cent 255, Eixample, metro: Universitat, dag. 18.30–2.30, za tot 3 uur) een 'goeie tent' voor homo's. Vrijetijdskleding wordt hier geaccepteerd.
Een trekpleister voor fans van travestiekunst en tegelijk een trefpunt voor de homoscene is **El Cangrejo** (■ E 6, C. Montserrat 9, Raval, metro: Drassanes, vr, za 22.30–1 uur, entree gratis). Van de kakelbonte mengeling van cabaret, travestie en show en de opgewekte stemming kunt u ook zonder kennis van het Spaans genieten.

Bands van muziekstudenten – **Jazz Si Club:** ■ E 5, Jazz, flamenco en rock van beginnende musici uit de naburige Taller de Musics.

Wat een theater – **Luz de Gas:** ■ E 1/2, Muntaner 246 (Eixample), www.luzdegas.com, FFCC: Muntaner, dag. 23–4 uur. In dit voormalige theater draait het al jaren alleen om muziek en dans. Regelmatig zijn er ook kleine liveconcerten. De theatersfeer met rood pluche en kroonluchters, alsmede het gevarieerde programma, heeft dit gemaakt tot een echte topper in het nachtleven. Een tweede zaal, met de naam Sala B, ligt er direct naast en wordt gebruikt voor dans als er in de hoofdzaal concerten plaatsvinden. Muziek: rock, jazz en gouwe ouwen.

Theater, kleinkunst en variété

Weer terug – **El Molino:** ■ D 6. Dit podium is weer open, zie ook blz. 48.

Groot in kleinkunst – **l'Antic Teatre:** ■ kaart 2, D 1, Verdaguer i Callis 12 (La Ribera), tel. 933 15 23 54, www.lanticteatre.com, metro: Urquinaona, voorstellingen do–za 21, zo 20 uur, € 10. Deze combinatie van bar en theater brengt kleinkunst, die tot dusverre ook aantrekkelijk is voor toeschouwers die geen Spaans spreken.

Dans- en bewegingskunst – **Mercat de les Flors:** ■ C 5, Lleida 59 (Poble Sec/Montjuïc), tel. 934 26 18 75, www.mercatflors.org, metro: Poble Sec. Het indrukwekkende, voor de Wereldtentoonstelling van 1929 gebouwde paviljoen, later de bloemenmarkt, herbergt een goed bezocht podium voor dans- en bewegingskunst. Echt een feest, dat ook niet wordt bedorven door eventuele taalproblemen.

Grieks theater – **Teatre Grec:** ■ C 6, Pg. de Santa Madrona s/n (Montjuïc), tel. 933 16 10 00, www.bcn.es/grec, metro: Poble Sec. Deze imitatie van een Grieks theater is in de zomer een van de mooiste podia van de stad. In de zomer vindt hier het Festival Grec plaats.

Klassiek toneel – **Teatre Nacional de Catalunya:** ■ J 4, Pl. de les Arts, s/n (Sant Martí), tel. 933 06 57 00, www.tnc.es, metro: Glòries. In het spectaculaire, in 1997 gereedgekomen gebouw van Richard Bofill worden vooral klassieke stukken opgevoerd.

Toeristische woordenlijst

De basisuitspraakregels van het Catalaans

Zowel de 'j' als de 'g' voor de klinkers 'i' en 'e' klinken als de 'j' in journalist; de 'c' voor die zelfde klinkers als scherpe 's'. De 'x' tussen klinkers, bijv. in *això*, klinkt als 'ch' in chocolade, in combinatie met 't' *(gaspatxo)* als 'ch' in chips, met 'z' als 'dz'. De 'r' na een klinker, bijv. in *diners*, blijft onuitgesproken, 'Ll' *(Lluis)* wordt als 'lj' uitgesproken, 'L·l' *(Paral·lel)* als dubbele 'l'. De alledaagse uitdrukkingen hieronder zijn in het Spaans gegeven. De belangrijke zinnen zijn eerst in het Catalaans, dan in het Spaans vertaald.

Algemeen

(zeer) bedankt	gracias/muchas gracias
graag gedaan	de nada
pardon	perdón
Staat u mij toe?	¿permiso?
ja/nee	sí/no
wie?/wat?	¿quién?/¿qué?
waar?/waarheen?/waarvandaan?	¿dónde?/¿a dónde?/¿de dónde?
hoe?/hoeveel?	¿cómo?/¿cuánto?
wanneer?/waarom?	¿cuándo?/¿por qué?
goed/slecht	bueno/malo
goedkoop/duur	barato/caro
snel/langzaam	rápido/despacio

Onderweg

rechts/links	a la derecha/… izquierda
rechtdoor	todo recto
stad/stadswijk	ciudad/barrio
straat	calle
weg/boulevard	carretera/avenida
politie	policía
vliegveld	aeropuerto
trein/station	tren/estación
busstation	estación de autobuses

schip/haven	barco/puerto
kaartje	billete
enkeltje/retour	ida/ida y vuelta
Is open/gesloten?	¿Está abierto/cerrado?
tankstation	gasolinera

Tijd

maandag/dinsdag/woensdag	lunes/martes/miércoles
donderdag/vrijdag	jueves/viernes
zaterdag/zondag	sábado/domingo
datum/uur	fecha/hora
dag/week	día/semana
maand/jaar	mes/año
morgen	mañana
middag/avond	tarde
nacht	noche
gisteren/vandaag/morgen	ayer/hoy/mañana
vroeg/laat/eerder	pronto/tarde/más pronto

Noodgevallen

arts/tandarts	médico/dentista
ziekenhuis	hospital
apotheek	farmacia
medicijn	medicamento-
Ik heb koorts	Tengo fiebre
… een verkoudheid/	un resfriado
… hoofdpijn	dolor de cabeza
… buikpijn	dolor de estómago

Overnachten

Hebt u een kamer vrij?	¿Tienen habitaciones libres?
eenpersoonskamer	habitación individual
tweepersoonskamer	habitación doble
met/zonder bad	con/si baño
hotel/pension	hotel/pensión

Getallen

1	uno	18	dieciocho
2	dos	19	diecinueve
3	tres		
4	cuatro	20	veinta
5	cinco	30	treinta
6	seis	40	cuarenta
7	siete	50	cincuenta
8	ocho	60	sesenta
9	nueve	70	setenta
10	diez	80	ochenta
11	once	90	noventa
12	doce		
13	trece	100	cien(to)
14	catorce	200	doscientos
15	quince		
16	dieciseis	1000	mil
17	diecisiete	2000	dos mil

De belangrijkste zinnen in het Catalaans/Spaans

Ik heet Em dic …/Me llamo …

Hoe heet je? Com es dius?/¿Cómo te llamas?

Hallo, hoe gaat het? Hola, com va això??/Hola, ¿qué tal?

Waar is …? On hi ha …?/¿Dónde hay …?

Hebt u …? Te …?/¿Tiene …?

Ik heb … nodig … Necessito …/Necesito …

Ik wil graag … Voldria …/Quisiera …

Hoe duur is dat? Cuan val això?/¿Cuánto cuesta?

Wanneer is … geopend/gesloten? A quina hora obren/tanquen?/
¿A qué hora abren/cierran?

Ik wil een ongeluk/diefstal aangeven. Vull denunciar un accident/
robatori./Quiero denunciar un accidente/robo.

Mijn geld, cheques, paspoort is/zijn gestolen. M'han robat els diners, xecs, el
passaport./Me han robado el dinero, los cheques, el pasa-
porte.

Belt u alstublieft om een ambulance/de politie. Si us plau, truqui l'ambu-
lancia/la policia./Llame una ambulancia/la policía, por favor.

Hebt u een een-/tweepersoonskamer vrij? Té una habitació
(doble)?/¿Tiene una habitación individual/doble?

met ontbijt amb esmorzar/con desayuno

voor één nacht per una nit/para una noche

Halfpension mitja pensió/media pensión

Volpension pensió/pensión completa

Ik vertrek morgen. M'en vaig demà al matí./Me voy mañana por
la mañana.

De rekening alstublieft. El compte, si us plau./La cuenta, por favor.

Hoe kom ik naar …? Per anar a …?/¿Para ir a …?

Waar vertrekt de bus naar … ? On sort el bus per …?/¿Dónde sale el bus para …?

Hoe laat gaat er een bus/trein naar …? Quan sort el bus/tren per …?/
¿Cuándo sale el bus/tren para …?

Catalaans	Spaans (Castiliaans)	Nederlands
Bereiding/specialiteiten		
albergínes farcides	berenjenas rellenas	gevulde aubergines
all i oli, aioli	alioli	aioli, knoflookmayonaise
boccata / entrepà	bocadillo	belegd brood
brou	caldo	bouillon
bullit, bollit	cocido	eenpansmaaltijd met vlees en groente
caldereta	caldereta	eenpansmaaltijd, meest met vis
empanade/panada	empanadas	deegpasteitje
ensaladilla	ensaladilla	aardappelsalade
fideuà	fideuá	noedelgerecht, lijkt op paella
pa amb oli	pan con aceite	brood met olijfolie, tomaten, kaas of ham
paella	paella	rijstgerecht
peix a la sal	pescado a la sal	vis in zoute korst
sarsuela	zarzuela	visschotel
salsa	salsa	saus
sopa	sopa	soep
Vis en schaaldieren		
anfós	mero	grote zeebaars
anxoves	anchoas	ansjovis
bacallà	bacalao	kabeljauw/stokvis
boquerons	boquerones	sardines
calamars	calamares	inktvis
cloïssa	almejas	kleine mosselen
gamba	gamba	garnaal
llenguado	lenguado	zeetong
lluç	merluza	heek
musclos	mejillones	(eetbare) mosselen
rap	rape	zeeduivel
salmó	salmón	zalm
sípia	sepia	inktvis
Vlees		
botifarra	butifarra	bloedworst
cabrit	cabrito	geit
carn de vaca	carne de vaca	rundvlees
carn de porc	carne de cerdo	varkensvlees
conill	conejo	konijn
costella	chuleta	kotelet
escalop	escalope	schnitzel
llom	lomo	varkenshaas
llom	solomillo	filet
mé	cordero	lam
porc	cerdo	varken

Catalaans	*Spaans (Castiliaans)*	*Nederlands*
porcella	lechona	speenvarken
pernil salat	jamón serrano	in grotten gedroogde ham
pilotes	albóndigas	gehaktballetjes
salsitxa	salchicha	worstje

Wild en gevogelte

ànec	pato	eend
perdiu	perdiz	patrijs
pollastre	pollo	haantje

Groente en garnituur

all	ajo	knoflook
arròs	arroz	rijst
bleda	acelgas	snijbiet
bolet	setas	paddenstoel
carabassons	calabacines	courgette
carxofa	alcachofas	artisjok
ceba	cebolla	ui
ciuróns	garbanzos	kikkererwt
espàrrec	espárragos	asperge
espinacs	espinacas	spinazie
faves	habas	witte bonen
fonoll	hinojo	venkel
mongetes	judías	groene bonen
olives	aceitunas	Olijven
patata	patata	aardappel
pèsol	guisantes	erwten
pebrot	pimientos	paprika

Vruchten

figa	higo	vijg
llimona	limón	citroen
macedonia	macedonia	fruitsalade
maduixa	fresa	aardbeien
melocotó	melocotón	perzik
pinya	piña	ananas
poma	manzana	appel
raïm	uva	druif
taronja	naranja	sinaasappel

Drinken

aigua amb gas	agua con gas	mineraalwater met prik
cafè amb llet	café con leche	koffie met melk
cafè americà	café americano	zwarte koffie
cafè tallat	café cortado	koffie met een scheutje melk
cafè tot sol	café solo	espresso
canya	caña	bier van het vat
cava	champán, cava	cava, champenoise
cervesa	cerveza	bier
suc	zumo	sap

Register

Fotoverantwoording
Omslag: Park Guëll (123RF)

Bildagentur Huber, Garmisch-Partenkirchen: blz. 28/29 (Dutton), 36 (Serrano)
DuMont Bildarchiv, Ostfildern: blz. 30, 34, 38, 83 (Selbach)
laif, Köln: blz. 49, 60 (Gonzalez), 40 (hemiblz.fr, Rieger), 74, 76 (Hoa-Qui), 100, 105
(Hoa-Qui/Escudero), 95 (Hub), 17 (Keystone France), 46, 70, 106, 109 (Knechtel),
65, 66 (Knop), 9, 61, 69, 88, 91, 92, 99 (Le Figaro Magazine/ Martin), 82, 85 (Rapho),
13 (Redux/Nance), 72 (Rodtmann), 11, 52, 75, 86/87 (Schmid), 6/7, 55 (Siemers), 42
(Stukhard), 44 (The NewYork Times), 32 (TOP/Sudres), 63 (Tophoven)

Notities

Notities

Notities

Notities

Hulp gevraagd!

De informatie in deze reisgids is aan verandering onderhevig. Het kan dus wel eens gebeuren dat u ter plaatse een andere situatie aantreft dan de auteur. Is de tekst niet meer helemaal correct, laat ons dat dan even weten.

Ons adres is:
ANWB Media
Uitgeverij reisboeken
Postbus 93200
2509 BA Den Haag
anwbmedia@anwb.nl

Productie: ANWB Media
Uitgever: Marlies Ellenbroek
Coördinatie: Els Andriesse
Tekst: Helmuth Bischoff
Vertaling: Eric Strijbos
Opmaak: Eric Strijbos en Peter Verwey Grafische Produkties, Heemstede
Redactie: Jaap Verschoor / Kantoor Verschoor Boekmakers
Eindredactie: Geert Renting
Stramien: Jan Brand, Diemen
Concept: DuMont Reiseverlag, Ostfildern
Grafisch concept: Groschwitz/Blachnierek, Hamburg
Cartografie: DuMont Reisekartografie, Fürstenfeldbruck
© 2011 DuMont Reiseverlag, Ostfildern

© 2011 ANWB bv, Den Haag
Eerste druk
Gedrukt in Italië
ISBN: 978-90-18-03147-3